Beyond the Holiday 旅行・会話ナビ

スリランカ Sri Lanka

シンハラ語

お役立ちフレーズ集

සිංහල බස හා කථනය

【著】新井 惠壱　【監修】サマラ・グナラタナ

アールイー

まえがき

　この度は『《旅行・会話ナビ》スリランカ シンハラ語 お役立ちフレーズ集』をご購入いただきまして誠にありがとうございます。

　近年では旅行、ビジネス、文化交流など、あらゆる目的で日本からスリランカへの渡航者数が増加しつつあります。当然のことながら、その渡航者の中にはシンハラ語の学習を希望される方、もしくは既に学習された方も含まれ、シンハラ語学習需要は増加傾向にあるといえます。

　シンハラ語を学習された方の多くは「それほど難しくない」と声をそろえて仰います。その理由としてシンハラ語と日本語の相似性が挙げられ、その最たる箇所は文法です。基本順序が日本語と同じ［主語(s)－目的語(o)－動詞(v)］なので、日本人が学習する場合には大きな武器となります。発音には慣れが必要ですが、抑揚はそれほど高低の激しい性質ではないことと、質問文の語尾の大半がද?（ダ）と高音で締めくくられる点でも日本人には馴染みやすく（「何〈だ〉？」「どうしたん〈だ〉？」のように覚えると分かりやすい）、単語が多く身についてさえいれば多少の誤りがあっても現地の人には理解されやすい特徴があります。

　逆に、スリランカ人も日本語を学習しやすいという側面があります。漢字の読み書きは難儀しても、彼らの日本語会話は比較的日本人に聞き取りやすく、彼らもまた「日本語会話は難しくない」と言います。もしかしたらあなたの周辺に日本語が流暢なスリランカ人がいらっしゃいませんか？

　──スリランカとの交流を増進させるムードが高まりつつある今日、バラエティーのあるシンハラ語表現も需要を増しております。「この表現をシンハラ語にしたいけど分からない」「簡単な表現だけど意外と知らない」など、本書は日常会話の根幹の部分で、皆様にお役立ちできるよう簡潔で便利なフレーズ集として、直感的に分かりやすくなるよう編集を心掛けました。ただ、言葉は生き物のようなもので、時代に変化が生じると、これまで使ってい

た表現が過去の遺物と化すことがあります。その点は臨機応変に対処をお願いいたします。

　学習者からの要望が多かったため、シンハラ文字の下にカタカナ発音表記も施しました。ただ、それらを用いてのシンハラ語発音は実際には正確ではなく（例えば ර:ra と ල:la では前者が巻き舌の R、後者が舌先を上歯茎に当てる程度の L 相当の発音、これをカタカナの"ラ"一辺倒では無理がある）、現地の人からすれば不自然さを感じさせます。慣れてきたら出来るだけシンハラ文字を見て発音すると良いでしょう。

　最後に、シンハラ語の理解は現地社会の理解へとつながり、交流の深みを増す力添えを約束します。本書に書かれている内容を日常生活にちりばめれば、現地の人は少なからず喜びを感じることでしょう。あなたの努力は相応の結果を結びますので、少しずつでも現地の人々とシンハラ語で会話をしてみることをお薦めいたします。

　本書を活用し、シンハラ語を楽しみながら学習していただけますと幸いです。

2018 年 9 月　新井 惠壱

もくじ

- まえがき — P.2
- 本書の使い方 — p.6

◆ *Chapter-1* シンハラ文字・発音 — P.8
- ■ 母音（単母音/長母音） — P.8
- ■ 子音（子母音） — P.9
- ■ 文字表 — P.12

◆ *Chapter-2* シンハラ語フレーズ — P.14
- ◆ 挨拶 — P.14
- ◆ 相槌 — P.16
- ◆ 案内 — P.17
- ◆ 畏怖・恐れ — P.18
- ◆ 依頼 — P.20
- ◆ 解決 — P.24
- ◆ 感嘆 — P.27
- ◆ 期待 — P.28
- ◆ 希望 — P.30
- ◆ 疑問 — P.32
- ◆ 協力 — P.33
- ◆ 切り返し — P.34
- ◆ 警告 — P.35
- ◆ 謙遜 — P.36
- ◆ 肯定 — P.38
- ◆ 賛辞 — P.41
- ◆ 叱責 — P.42
- ◆ 指摘 — P.45
- ◆ 照会 — P.46
- ◆ 焦燥 — P.49
- ◆ 譲歩 — P.50
- ◆ 推量 — P.51
- ◆ 制止 — P.52
- ◆ 追悼 — P.53

- ◆ 提案 ——————————————— P.54
- ◆ 同意 ——————————————— P.56
- ◆ 当惑 ——————————————— P.58
- ◆ 励まし —————————————— P.60
- ◆ 労い ——————————————— P.63
- ◆ 悲観 ——————————————— P.64
- ◆ 否定 ——————————————— P.68
- ◆ 憤怒 ——————————————— P.74
- ◆ 補足 ——————————————— P.78
- ◆ 呼び掛け ————————————— P.79
- ◆ 落胆 ——————————————— P.79
- ◆ 理解 ——————————————— P.84

◼ *Supplement Chapter* シンハラ文字の書き順 — **P.88**

- ■ シンハラ語置き換えスリランカ地図 ——————— P.96

索引 ————————————————— P.97
あとがき ———————————————— P.102

【カバーイラスト】粟根 絵里香　　【写真】曽根 朋佳

本書の使い方

フレーズと例文
日本語のフレーズ、例文、シンハラ語表記、発音用ルビの順に記載しました。

向かって右側 / 左側

◎ 向かって右側 / 左側に両替商があります。

කෙලින් ගිහින් දකුනට/වමට මුදල් මාරු කරන තැන් තියෙන්නේ.

ケリン ギヒン ダクナタ/ワマタ ムダル マール カラナ タェン ティユェンネ.

● 文頭に කෙලින් ගිහින් (ケリン ギヒン) が置かれると「向かって」という意味になることがある。

網掛け
フレーズに該当する箇所を網掛けしました。

脚注 ●
スリランカの文化を通じた言葉の注意点など、役立つ情報を交えて解説します。

フレーズと対話文
対話例文はAとBの二者で表記しました。

驚かせるなよ

A:交通事故にあったけど、軽い怪我で済んだよ。
B:驚かせるなよ。

A: වාහන හැප්පිමක් වුනා, පොඩි තුවාල වලින් බැරුනේ.
B: බය කරන්න එපා.

A:ワーハナ ヒェッピマク ウナー, ポディ トゥワーラ ワリン バェルネー.
B:バヤ カランナ エパー.

★ බය කරනවා (バヤ カラナワ) =驚かせる、恐怖を抱かせる

脚注 ★
例文に出てくる重要単語の解説をします。

シンハラ語は仏教の世界から

　スリランカは国民の約7割が仏教徒の国で、そのほとんどがシンハラ人です。シンハラ語を学習するということは少なからず仏教に関わりを持つことを意味します。実際、シンハラ語は仏教系言語のパーリ語の影響を強く受けている言語で、シンハラ語を理解する上でその要素が随所に見られます。
　スリランカの仏教はテラワダ（上座部）です。国内各地で仏教寺院、鮮やかなオレンジ色の袈裟を身にまとう僧侶、仏像、ダゴバ（仏舎利塔）を目にします。
　シンハラ語はスリランカの公用語の一つとされているため、多くのキリスト教徒、ヒンドゥー教徒、回教徒にも理解されます。スリランカでのコミュニケーションを楽しむならば、シンハラ語を学ばない手はないと言えます。

Chapter-1
シンハラ文字・発音
සිංහල හෝඩිය සහ උච්චාරණය

　ここでは古代文字や特殊字体など、スリランカの現代社会においてほとんど見かけないものや使用頻度が極端に低いものは割愛し、頻度の高い重要なものをまとめました。
　見て簡単に分かるよう各文字に英語発音記号とカタカナを付け、違う角度から判別しやすくするための文字表を書き起こしました。英語発音記号とカタカナ表記はできるだけネイティブの発音に近づける努力をしましたが、実際には英語発音記号やカタカナでは表しきれないシンハラ文字特有の発音があることを念頭においてください。

■ 母音（単母音／長母音）

◆ **短母音**

අ	ඇ	ඉ	උ	එ	ඔ
ア	アェ	イ	ウ	エ	オ
a	æ	i	u	e	o

◆ **長母音**

ආ	ඈ	ඊ	ඌ	ඒ	ඕ
アー	アェー	イー	ウー	エー	オー
a:	æ:	i:	u:	e:	o:

※ 使用頻度の低い母音

ඓ	ඖ	සෘ	සෲ	ඏ	ඐ
アイ	アウ	スル	スルー	ル	ルー
aj	aw	sr	sr:	l̥	l̥:

　母音字については上記の短母音と長母音を覚えておけば、シンハラ語の理解が大幅に進みます。

子音（子母音）

　シンハラ語の子音は音節文字に音記号を付けることで変化を持たせます。次に列挙する【a】発音を付加した子母音を基本として覚えると分かりやすいでしょう。

◆ 子母音（普通母音【a】を加えた形）

文字	ක	බ	ග	හ	ෂ	ඩ	ච
仮名	カ	カ	ガ	ンガ	ガ	ナ	チャ
発音	ka	ka	ga	ŋga	ga	ɳa	tʃa

文字	ජ	ජ	ඩ	ඳ	ට	ඨ	ඩ
仮名	チャ	ジャ	ジャ	ナ	タ	タ	ダ
発音	tʃa	dʒa	dʒa	ɳa	ta	ta	da

文字	ඪ	න	ත	ත	ද	ඳ	ධ
仮名	ダ	ナ	タ	タ	ダ	ンダ	ダ
発音	da	na	θa,tha	ta	da	ŋda	ða

文字	න	ප	ඵ	බ	ඹ	භ	ම
仮名	ナ	パ	パ	バ	ンバ	バ	マ
発音	na	pa	pha	ba	mba	bha	ma

文字	ය	ර	ල	ව ※1	ශ	ෂ	ස	හ
仮名	ヤ	ラ	ラ	ワ(ヴァ)	ssa	シャ	サ	ハ
発音	ja	ra	la	wa,va	ssa	ʃa	sa	ha

文字	ළ	අං	අඃ	ෆ ※2	Zස ※2
仮名	ラ	アン	アー	ファ	ザ
発音	la	an	ah	fa	za

※1, 発音表記上は "v" だが、実際には "w" の発音に近い。
※2, 本来シンハラ語にはなかった外来語の発音が文字化されている。

🔷 子音・子音記号

　子母音に音記号を付加することで子音の発音に変化を与えます。子母音によっては音記号が不規則になります。例えば子母音 n (na) に子音記号が付加されると以下のように変化します。

- න + ් = න්　ン n ※1
- න + ා = නා　ナー nɑ:
- න + ැ = නැ　ナェ næ
- න + ෑ = නෑ　ナェー næ:
- න + ි = නි　ニ ni
- න + ී = නී　ニー ni:
- න + ු = නු　ヌ nu
- න + ූ = නූ　ヌー nu:
- ෙ + න = නෙ　ネ ne
- ෙ + න + ් = නේ　ネー ne:
- ෙ + න + ා = නො　ノ no
- ෙ + න + ෲ = නෝ　ノー no:

※1, ඞ の子音扱いとなり、発音は実質"ン"。ඩ の子音扱いが ඬ になるなど文字によって違う法則があるので、詳しくは P,12、P,13 の発音表を参照。

　以下子母音群は先述とは異なる音記号が付加され変化します。

- ම + ි = මි　ム m
- ෙ + ම + ි = මේ　メー me:
- ක + ු = කු　ク ku
- ක + ූ = කූ　クー ku:
- ර + ු = රු　ル ru
- ර + ූ = රූ　ルー ru:
- ර + ෘ = රෘ　ラェ ræ
- ර + ෲ = රෲ　ラェー ræ:
- ද + ු = දු　ドゥ du
- ද + ා = දා　ダー da: ※1

※1, ද と表記されることもある。

※ 通常とは異なる法則の子音記号

　先述したものとは異なる子音記号を挙げました。新聞、書籍、宗教施設など、特定の場所でしか目にしないものもあります。

▶ ක + a = කෘ
　　　　クル kr

▶ ක + aa = කෲ
　　　　クルー kr:

▶ ෙල + න = ෙලෙන
　　　　ナイ nai

▶ ෙ + න + ා = ෙනෟ
　　　　ナウ nau

▶ ක + ් = කෘ
　　　　クラ kra

▶ ක + ය = කෳ
　　　　キャ kja

▶ ක + ෂ = කෂ
　　　　クシャ ksja

▶ ක + ් = කී
　　　　ルカ rka

▶ අ + ං = අං
　　　　アン an

▶ අ + ඃ = අඃ
　　　　アァ ah

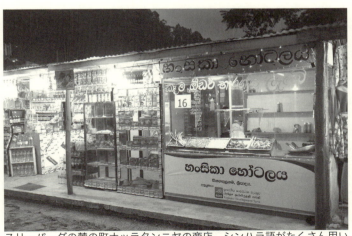

スリーパーダの麓の町ナッラタンニヤの商店。シンハラ語がたくさん用いられます。

11

文字表

シンハラ文字・発音

子音＼母音	අ / ア a	ආ / アー a:	ඇ / アæ	ඈ / アæー æ:	ඉ / イ i	ඊ / イー i:	උ / ウ u	ඌ / ウー u:	එ / エ e	ඒ / エー e:	ඔ / オ o	ඕ / オー o:
ක් / k	ක / カ	කා / カー	කැ / カæ	කෑ / カæー	කි / キ	කී / キー	කු / ク	කූ / クー	කෙ / ケ	කේ / ケー	කො / コ	කෝ / コー
ග් / g	ග / ガ	ගා / ガー	ගැ / ガæ	ගෑ / ガæー	ගි / ギ	ගී / ギー	ගු / グ	ගූ / グー	ගෙ / ゲ	ගේ / ゲー	ගො / ゴ	ගෝ / ゴー
ස් / s	ස / サ	සා / サー	සැ / サæ	සෑ / サæー	සි / スィ	සී / スィー	සු / ス	සූ / スー	සෙ / セ	සේ / セー	සො / ソ	සෝ / ソー
ව් / v	ව / ヴァ	වා / ヴァー	වැ / ヴァæ	වෑ / ヴァæー	වි / ヴィ	වී / ヴィー	වු / ヴゥ	වූ / ヴゥー	වෙ / ヴェ	වේ / ヴェー	වො / ヴォ	වෝ / ヴォー
ච් / tʃ	ච / チャ	චා / チャー	චැ / チャæ	චෑ / チャæー	චි / チ	චී / チー	චු / チュ	චූ / チュー	චෙ / チェ	චේ / チェー	චො / チョ	චෝ / チョー
ජ් / dʒ	ජ / ジャ	ජා / ジャー	ජැ / ジャæ	ජෑ / ジャæー	ජි / ジ	ජී / ジー	ජු / ジュ	ජූ / ジュー	ජෙ / ジェ	ජේ / ジェー	ජො / ジョ	ජෝ / ジョー
ට් / t	ට / タ	ටා / ター	ටැ / タæ	ටෑ / タæー	ටි / ティ	ටී / ティー	ටු / トゥ	ටූ / トゥー	ටෙ / テ	ටේ / テー	ටො / ト	ටෝ / トー
ත් / θ /th	ත / タ	තා / ター	තැ / タæ	තෑ / タæー	ති / ティ	තී / ティー	තු / トゥ	තූ / トゥー	තෙ / テ	තේ / テー	තො / ト	තෝ / トー
ඩ් / d	ඩ / ダ	ඩා / ダー	ඩැ / ダæ	ඩෑ / ダæー	ඩි / ディ	ඩී / ディー	ඩු / ドゥ	ඩූ / ドゥー	ඩෙ / デ	ඩේ / デー	ඩො / ド	ඩෝ / ドー
ද් / d	ද / ダ	දා / ダー	දැ/දෑ / ダæ	දෑ / ダæー	දි / ディ	දී / ディー	දු / ドゥ	දූ / ドゥー	දෙ / デ	දේ / デー	දො / ド	දෝ / ドー
න් / n	න / ナ	නා / ナー	නැ / ナæ	නෑ / ナæー	නි / ニ	නී / ニー	නු / ヌ	නූ / ヌー	නෙ / ネ	නේ / ネー	නො / ノ	නෝ / ノー
ණ් / n	ණ / ナ	ණා / ナー	ණැ / ナæ	ණෑ / ナæー	ණි / ニ	ණී / ニー	ණු / ヌ	ණූ / ヌー	ණෙ / ネ	ණේ / ネー	ණො / ノ	ණෝ / ノー
හ් / h	හ / ハ	හා / ハー	හැ / ハæ	හෑ / ハæー	හි / ヒ	හී / ヒー	හු / フ	හූ / フー	හෙ / ヘ	හේ / ヘー	හො / ホ	හෝ / ホー
ප් / p	ප / パ	පා / パー	පැ / パæ	පෑ / パæー	පි / ピ	පී / ピー	පු / プ	පූ / プー	පෙ / ペ	පේ / ペー	පො / ポ	පෝ / ポー
ඵ් / ph※1	ඵ / パ	ඵා / パー	ඵැ / パæ	ඵෑ / パæー	ඵි / ピ	ඵී / ピー	ඵු / プ	ඵූ / プー	ඵෙ / ペ	ඵේ / ペー	ඵො / ポ	ඵෝ / ポー
බ් / b	බ / バ	බා / バー	බැ / バæ	බෑ / バæー	බි / ビ	බී / ビー	බු / ブ	බූ / ブー	බෙ / ベ	බේ / ベー	බො / ボ	බෝ / ボー
භ් / bh※2	භ / バ	භා / バー	භැ / バæ	භෑ / バæー	භි / ビ	භී / ビー	භු / ブ	භූ / ブー	භෙ / ベ	භේ / ベー	භො / ボ	භෝ / ボー
ම් / m	ම / マ	මා / マー	මැ / マæ	මෑ / マæー	මි / ミ	මී / ミー	මු / ム	මූ / ムー	මෙ / メ	මේ / メー	මො / モ	මෝ / モー
ය් / j	ය / ヤ	යා / ヤー	යැ / ヤæ	යෑ / ヤæー	යි / イ※3	යී / イー※3	යු / ユ	යූ / ユー	යෙ / イェ	යේ / イェー	යො / ヨ	යෝ / ヨー

12

ර	ර	රා	රැ	රෑ	රි	රී	රු	රූ	රෙ	රේ	රො	රෝ
r ※4	ラ	ラー	ラェ	ラェー	リ	リー	ル	ルー	レ	レー	ロ	ロー
ල	ල |ලා	ලැ	ලෑ	ලි	ලී	ලු	ලූ	ලෙ	ලේ	ලො	ලෝ
l	ラ	ラー	ラェ	ラェー	リ	リー	ル	ルー	レ	レー	ロ	ロー
ළ	ළ	ළා	ළැ	ළෑ	ළි	ළී	ළු	ළූ	ළෙ	ළේ	ළො	ළෝ
l	ラ	ラー	ラェ	ラェー	リ	リー	ル	ルー	レ	レー	ロ	ロー
ව	ව	වා	වැ	වෑ	වි	වී	වු	වූ	වෙ	වේ	වො	වෝ
w(v)	ウァ	ウァー	ウァェ	ウァェー	ウィ	ウィー	ウ	ウー	ウェ	ウェー	ウォ	ウォー
ශ	ශ	ශා	ශැ	ශෑ	ශි	ශී	ශු	ශූ	ශෙ	ශේ	ශො	ශෝ
ss	スサ	スサー	スサェ	スサェー	ススィ	ススィー	スス	ススー	スセ	スセー	スソ	スソー
ෂ	ෂ	ෂා	ෂැ	ෂෑ	ෂි	ෂී	ෂු	ෂූ	ෂෙ	ෂේ	ෂො	ෂෝ
ʃ	シャ	シャー	シャェ	シャェー	シ	シー	シュ	シュー	シェ	シェー	ショ	ショー
ඩ	ඩ	ඩා	ඩැ	ඩෑ	ඩි	ඩී	ඩු	ඩූ	ඩෙ	ඩේ	ඩො	ඩෝ
d ※5	ダ	ダー	ダェ	ダェー	ディ	ディー	ドゥ	ドゥー	デ	デー	ド	ドー
ධ	ධ	ධා	ධැ	ධෑ	ධි	ධී	ධු	ධූ	ධෙ	ධේ	ධො	ධෝ
ð ※5	ダ	ダー	ダェ	ダェー	ディ	ディー	ドゥ	ドゥー	デ	デー	ド	ドー
ං												
ン ŋ												

※1 厳密には ප とは異なり破裂音の "h" がほんの少しだけ混ざり "pha, phi"（大げさには「パハ、パヒ」）くらいに発音。本文中のカタカナ発音表記は便宜上同じとしました。

※2 ※1同様、厳密には බ とは異なり破裂音の "h" がほんの少しだけ混ざり "bha, bhi"（大げさには「バハ、バヒ」）くらいに発音。

※3 日本語の「イ」「イー」で通じる。厳密には英語発音記号で "ji/ji:" が近い。

※4 英語の "r" より更に巻き舌で、硬口蓋に舌を完全に当てるほどのしつこい発音が理想。

※5 ※1や※2と同様、厳密には ඩ や ධ と異なり "h" の破裂音が混ざり、極端にいうと "dha, dhi"「ダハ、デヒ」くらいの発音になる。

※6 表には書かなかったが ඟ ンガ "ŋga" ඳ ンダ "ŋda" ඹ ンバ "mba" などの子音もある。

※7 子音2つを結合して1つの子音とするものがある。
例) ශ්‍රී スリー "sri:"

Chapter-2

シンハラ語フレーズ
සිංහල බස හා කථනය

挨拶 ආචාරය

景気はどう？
ආර්ථිකය කොහොම ද?
アールティカヤ　コホマダ？

変わりはない？
◎ その後、変わりはない？
ඊට පස්සේ වෙනසක් නැද්ද?
イータ　パッセー　ウェナサク　ナェッダ？

★ වෙනස（ウェナサ）＝違い

どうぞ、ごゆっくり
◎ ようこそお越しくださいました。どうぞ、ごゆっくり。
ඔයා ආවට ස්තූතියි. විවේකව සිටින්න.
オヤー　アーワタ　ストゥティイ．ウィウェーカワ　シティンナ．

★ විවේකව（ウィウェーカワ）＝くつろぎ

どうですか？

◎ 近頃どうですか？
මේ දවස්වල කොහොමද?
メー　ダワスワラ　コホマダ？

★ දවස（ダワサ）＝日

久しぶり

◎ 久しぶり。何年ぶり？
ගොඩාක් කාලකින් අවුරුදු කියකින්ද?
ゴダーク　カーラキン　アウルドゥ　キヤキンダ？

● たくさんの年数が経過したことを意味する。

まあまあだね

◎ 私の調子？　ああ、まあまあだね。
මමද? හා, එහෙමයි එහෙමයි.
ママダ？　ハー、エヘマイ　エヘマイ．

● එහෙම（エヘマ）はあらゆるシーンで「そのような」「まあまあ」「〜ですね」など、使い方が文脈で多岐にわたるが、肯定表現で使うことが多い。

シンハラ語の新聞にある1コーナー。色々なデザインのシンハラ語フォントが組み込まれています。

ええ

A：あなたはスリランカの方ですよね？
B：ええ。

A：ඔයා ලංකාවේ නේද?
B：එහෙමයි.

A：オヤー ランカーウェー ネーダ？
B：エヘマイ．

● ලංකා ජාතික（ランカー ジャーティカ）は通常スリランカ国籍の人を指し、口語的な「スリランカの人」の言い回しではない。

そうなんだよ

A：あなたが遅れたのは交通渋滞のせい？
B：そうなんだよ。

A：ඔයා පරක්කුවුනේ වාහන තද බදය නිසාද?
B：සමහරවිට එහෙමයි.

A：オヤー パラックウネー ワーハナ タダ バダヤ ニサーダ？
B：サマハラウィタ エヘマイ．

● සමහරවිට（サマハラウィタ）は「恐らく」「たぶん」「きっと」「時々」など、文脈によって意味に変化が生じる。

まあね

A：もしかして、成績が良くて先生にほめられたの？
B：まあね。

   A：සමහරවිට ප්‍රතිඵල හොඳවුන නිසා ගුරුවරයා ඔයා ගැන සතුටුවුනේ?
   B：සමහරවිට.

   A：サマハラウィタ　プラティエラ　ホンダウナ　ニサー　グルワラヤー　オヤー　ガェナ　サトゥトゥウネー？
   B：サマハラウィタ．

- සතුටුවෙනවා（サトゥトゥウェナワ）は喜びのニュアンスが強く、賞賛の意味を強くするのであれば ප්‍රශංසාකරනවා（プラッサンサーカラナワ）の表現を用いても良い。
- ★ හොඳවුනා（ホンダウナ）＝良くなった
  නිසා（ニサー）＝～なので、～だから

案内 මඟ පෙන්වීම

どうぞご自由に

◎ 博物館の中を、どうぞご自由にご覧ください。
කෞතුකාගාරය තුල ඕන විදියට බලන්න.

カウトゥカーガーラヤ　トゥラ　オーナ　ウィディヤタ　バランナ．

  ★ විදිය（ウィディヤ）＝（の）中、（の）先

まっすぐ

◎ その道をまっすぐ進んでください。
　ඔය විදියට මේපාරේ කෙලින්ම යන්න.
　オヤ　ウィディヤタ　メーパーレー　ケリンマ　ヤンナ．

● 口語ではよく "කෙලින්ම!"（ケリンマ）=「まっすぐ！」という命令形が使われる。

向かって右側 / 左側

◎ 向かって右側 / 左側に両替商があります。
　එහෙමයි දකුන/වම පැත්තේ මාරු කරන තැන් තියෙන්නේ.
　エヘマイ　ダクナ / ワマ　パェッテー　マール　カラナ　タェン　ティユェンネ．

● 文頭に එහෙමයි（エヘマイ）が置かれると「向かって」という意味になることがある。
★ පැත්ත（パェッタ）= 方向、方面

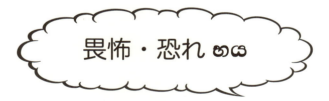

畏怖・恐れ බය

恐ろしい

◎ 戦争なんて恐ろしい。
　යුද්ධට බියපත්.
　ユッダタ　ビヤパトゥ．

★ බිය（ビヤ）= 恐怖

驚かせるなよ

A：交通事故にあったけど、軽い怪我で済んだよ。
B：驚かせるなよ。

A：වාහන හැප්පිමක් වුනා, පොඩි තුවාල වලින් බැරුනේ.
B：බය කරන්න එපා.

A：ワーハナ　ハェッピマク　ウナー，ポディ　トゥワーラ　ワリン　バェルネー.
B：バヤ　カランナ　エパー.

★ බය කරනවා（バヤ カラナワ）=驚かせる、恐怖を抱かせる

危険です

◎ 象に近付くと危険です。
අලියා ලඟට ලන්වුනොත් කරදරවෙයි.

アリヤー　ランガタ　ランウノトゥ　カラダラウェイ.

★ කරදර（カラダラ）=迷惑、トラブル、悲しみ

ギリギリ

◎ 学校の始業時間にギリギリ間に合った。
ඉස්කෝලේ පටන්ගන්න මොහොතකට කලින් ආවා.

イスコーレー　パタンガンナ　モホタカタ　カリン　アーワ.

● මොහොත（モホタ）=「瞬時」+ කලින්（カリン）=「前」→ 始業の少し前というニュアンスで表現される。

ゾッとする

◎ 目の前で交通事故を見たのでゾッとするよ。
මගේ ඉදිරිපිට වාහනය හැප්පුන නිසා මගේ හිතගැස්සුනා.
マゲー　イディリピタ　ワーハナヤ　ハェップナ
ニサー　マゲー　ヒタガェッスナー.

★ හැප්පුන（ハェップナ）=交通事故等のアクシデント

ヤバい

◎ あいつを怒らせるとヤバい。
අරුට කේන්ති ගියොත් බයානකයි.
アルータ　ケーンティ　ギヨトゥ　バヤーナカイ.

● අරු（アルー）は「あの人」くらいのニュアンスになる。

依頼 ඉල්ලනවා

お任せします

◎ もう私たちではこの仕事を片付けられません。経験のあるあなたにお任せします。
අපිට මේවැඩ අවසන් කරන්න ටිකක් අමාරුයි. ඒ ගැන දන්න කෙනෙකුට බාර දෙන්න.
アピタ　メーワェダ　アワサン　カランナ　ティカク
アマールイ.　エー　ガェナ　ダンナ　ケネクタ
バーラ　デンナ.

★ බාර දෙනවා（バーラ デナワ）=引き継ぐ

我慢してください

◎ 今日は満月の日だからお酒の販売はありません。我慢してください。

අද පෝය දවස නිසා අරක්කු විකුනන්නේ නැහැ. ඉවසන්න.

アダ ポーヤ ダワサ ニサー アラック
ウィクナンネー ナェハェ. イワサンナ.

● スリランカにて満月の日 පෝය දවස（ポーヤ ダワサ）はアルコール類の販売は禁じられている。
අරක්කු（アラック）は椰子の蒸留酒の意味だが、酒類全般も意味する。

ご用件をお聞かせください

◎ お電話ありがとうございます。ご用件をお聞かせください。

දුරකථන ඇමැතුමට ස්තූතියි. ප්‍රශ්නයක් තිබේනම් අහන්නම්.

ドゥラカタナ アェマェトゥマタ ストゥティイ.
プラッスナヤク ティベーナム アハンナム.

★ ප්‍රශ්නය（プラッスナヤ）＝疑問、質問、用件

ご了承ください

◎ 現金の引き出しには手数料がかかりますので、ご了承ください。

සල්ලි ගන්නවිට ගානක් කැපේනවා, ඒගැන හිතන්න.

サッリ ガンナウィタ ガーナク カェペーナワ,
エーガェナ ヒタンナ.

★ හිතනවා（ヒタナワ）＝考える、理解する

これくらいでいいですか？

◎ 残った仕事は明日に回して、今日はこれくらいでいいですか？

ඉතිරිවැඩ හැටට තියලා අදට මේ ඇති නේද?

イティリウェダ ハェタタ ティヤラー アダタ メー ェティ ネーダ？

★ ඉතිරි (イティリ) ＝残された

すぐにお願いします

◎ アイロンがけ、すぐにお願いします。

රෙදි මැදලා ඉතා ඉක්මනින් දෙන්න.

レディ マェダラー イター イクマニン デンナ．

● ඉක්මනින් (イクマニン) ＝「急ぎで」の前に ඉතා (イター) ＝「とても」を置くと強調が増す。

ちゃんとやってください

◎ お願いですから、言われたことをちゃんとやってください。

කරුණාකර, කියපුදේ ඒ විදියටම කරන්න.

カルナーカラ，キヤプデー エー ウィダヤタマ カランナ．

★ කියපු (キヤプ) ＝言っている事、話、言葉

ちょっといいですか？

◎ お忙しいところをすみません。ちょっといいですか？

වැඩවැඩි වෙලාවේ කරදර කරාට සමාවෙන්න. පොඩ්ඩක් පුළුවන්ද?

ワェダワェディ　ウェラーウェー　カラダラ　カラータ
サマーウェンナ. ポッダク　プルワンダ？

● පොඩ්ඩක් පුළුවන්ද? (ポッダク プルワンダ?) =直訳すると「ちょっと出来ますか」と、相手に時間を割くことの可否を尋ねる表現となる。

ちょっと待って

◎ ちょっと待って！　この道は間違っているよ。

පොඩ්ඩක් ඔහොම ඉන්න! මේ මාර්ගය වැරදියි වගේ.

ポッダク　オホマ　インナ！　メー
マールガヤ　ワェラディ　ワゲー.

★ ඔහොම (オホマ) =その場
　මාර්ග (マールガ) =道、方法
● වැරදියි වගේ (ワェラディイ ワゲー) =直訳で「間違っているようだ」。

もういいでしょう？

◎ これだけ頑張ったのだから、もういいでしょう？

මේ තරම් උනන්දු වුන නිසා, දැන් ඇති නේද?

メー　タラム　ウナンドゥ　ウナ　ニサー,　ダェン
アェティ　ネーダ？

★ ඇති (アェティ) =十分

やってごらん

◎ 騙されたと思って、やってごらん。
රැවැටිටුවා කියලා හිතා කරගනයන්න.

ラェウェティトゥワー　キヤラー　ヒター
カラガナヤンナ.

★ රැවටිලි（ラェワティリ）＝騙し

解決 බේරීම

おかげさまで

◎ ドクター、おかげさまで怪我が治りました。
දොස්තරගේ, පිහිටෙන් තුවාලය
සනීපවුනා.

ドスタラゲー，ピヒテン　トゥワーラヤ
サニーパウナー.

● දොස්තර（ドスタラ）+ගේ（ゲー）<所有>＝ドクターの所有が転じて「ドクターのお陰で」の意味を持つ。
★ පිහිට（ピヒタ）＝サポート、アシスタンス

こうしよう！

A：明日までに取引先への支払いがあるけど、現金が無い。
B：こうしよう！ 銀行から借りて早めに返すんだ。

A：හෙට වෙනකොට සල්ලි ගෙවීම් තිබුණාට ගෙවන්න සල්ලි නැහැ.

B：එහෙම කරමු! බැංකුවෙන් අරගන ඉක්මනට ගෙවමු.

A：ヘタ ウェナコタ サッリ ゲウィム ティブナータ ゲワンナ サッリ ナェハェ.

B：エヘマ カラム！ バェンクウェン アラガナ イクマナタ ゲワム.

★ ගෙවනවා（ゲワナワ）=支払う
අරගෙන（アラゲナ）=借用、入手

何とかしないと

◎ ここの道路は舗装が悪くて雨の日は水溜りになる。何とかしないと。

මේතාර පාර කැඩිලා නිසා වැස්ස දවසට වලවල්වල වතුර පිරෙනවා. මොනවා හරී කරන්න ඕන.

メーターラ パーラ カェディラー ニサー ワッサ ダワサタ ワラワルワラ ワトゥラ ピレナワ.
モナワー ハリ カランナ オーナ.

● හරී（ハリ）=「良い」+කරනවා（カラナワ）=「する」→ 直訳で「良くする」。

25

早く忘れよう

◎ 嫌なことは早く忘れよう。

වැරදි දේවල් ඉක්මනට අමතකකරමු.

ワェラディ　デーワル　イクマナタ　アマタカカラム.

★ වැරදි（ワェラディ）＝誤った、嫌な

無事に（到着する、荷物が届く）

◎ 盗まれたスーツケースが戻ってきた。中は無事だった。

හොරෙන්ගත්ත ගමන් බෑගය ලැබුනා.
ඒ විදියටම තිබුනා.

ホレンガッタ　ガマン　バェーガヤ　ラェブナ.
エー　ウィディヤタマ　ティブナー.

◎ 無事ホテルに到着した。

කරදරයක් නැතිව හෝටලය ආවා.

カラダラヤク　ナェティワ　ホータラヤ　アーワ.

● කරදරය（カラダラヤ）＝「迷惑」「トラブル」「心配事」＋ නැතිව（ナェティワ）＝～無しで → 無事。

スリランカではクリケットが盛んで、試合が長くなると2～3日続くこともあります。特に対インド戦は盛り上がります。

うれしい！

◎ 就職が決まって嬉しい！
රැකියා ස්ථානයක් ලැබීම ගැන සතුටුයි!

ラェキヤー　スターナヤク　ラェビーマ
ガェナ　サトゥトゥイ！

すばらしい！

◎ シーギリヤロックはすばらしい！
සිගිරිය රොක්කු හරිම කලාත්මකයි.

シーギリヤ　ロック　ハリマ　カラートゥマカイ．

楽しい

◎ この映画は観ていて楽しい。
මේ චිත්‍රපටිය බලලා සතුටුයි.

メー　チトラパティヤ　バララー　サトゥトゥイ．

なんてキレイなんだ！

◎ ヒッカドゥワの海はなんてキレイなんだ！
හික්කඩුව මුහුද මේ තරම් ලස්සන ඇයි!

ヒッカドゥワ　ムフダ　メー　タラム　ラッサナ
アェイ！

まいったな

◎ 財布をなくした。まいったな。
පසුම්බිය නැතිවුනා. හරී ප්‍රශ්නයක්.
パスミビヤ　ナェティウナー．ハリ　プラッスナヤク．

● ප්‍රශ්නය（プラッスナヤ）はこの場合困惑した時に用いる慣用表現。

やったね！

◎ 宝くじが当たった！　やったね！
ලොතරැයියක් ඇදුනා! හරිම සතුටුයි!
ロタラェイヤク　アェドゥナー！　ハリマ　サトゥトゥイ！

わー！

◎ わー！フルーツがたくさんある。
වා! පලතුරු ගොඩක් තියෙනවා.
ワー！　パラトゥル　ゴダーク　ティユェナワ．

期待 බලාසිටීම

期待してます

◎ 今晩の料理を期待してます。
අද රෑ කෑම වේලගැන සතුටින් ඉන්නේ.
アダ　ラェー　カェーマ　ウェーラガェナ
サトゥティン　インネー．

してくれてもいいのに

A：細かいお金がないから、彼女に100ルピーを貸してくれるよう頼んだら断られたよ。
B：そのくらいしてくれてもいいのにね。

A：මම ලඟ මාරු සල්ලි නැහැ, ගෑනුකෙනාට රු.100ක් දෙන්න කියලා කිව්වාම බෑ කිව්වා.
B：ඒ තරම් දෙයක් කරාට කමක්නැහැ.

A：ママ　ランガ　マール　サッリ　ナェハェ, ガェヌケナータ　ルピヤルスィーヤク　デンナ　キヤラー　キウワーマ　バェー　キウワ.
B：エー　タラム　デヤク　カラータ　カマクナェハェ.

● 単位、例えば100ルピーは රු.100/- や රුපියල් සිය など、様々な方式で表記され、違いは書き手や文意による。実際に現地の新聞や雑誌にも様々な表記が混在する。なお本書はあらゆるケースを想定し、例文上に数種類の方式で記載している。

楽しみですね

◎ 私たちは先月たくさん働いたから今月の給料が楽しみですね。

අපි ගිය මාසේ හොඳට වැඩ කරපු නිසා මේ පාර හොඳ ප්‍රතිඵලයක් ලැබෙයි නේද?

アピ　ギヤ　マーセー　ホンダタ　ウェダ　カラプ　ニサー　メー　パーラ　ホンダ　プラティパラヤク　ラェベイ　ネーダ?.

● මේ පාර（メー　パーラ）は直訳すると「この道」だが、「今回」「今期」などの表現にも用いる。
本フレーズは多めの給与を得ることを確信する文体だが、ලැබෙයි නේද?（ラェベイ　ネーダ）を බලාපොරොත්තු ඉන්නවා（バラーポロットゥ　インナワ）＝「期待して待っている」を用いても良い。

ワクワクする

◎ 来週予定している海外旅行、今からワクワクするね。

ලබන සතියේ යන්න තියෙන පිටරට සවාරිය, ගැන සතුටින් ඉන්නේ.

ラバナ　サティユェー　ヤンナ　ティユェナ　ピタラタ　サワーリヤ, ガェナ　サトゥティン　インネー.

希望 කැමැත්ත

出来るだけのことはやった

◎ 試験では出来るだけのことはやった。後は結果を待つだけ。

විභාගෙට හොඳින් මුහුන දුන්නා.
ප්‍රතිථීල හොඳවේච්චි බලාඉන්නවා.

ウィバーゲタ　ホンディン　ムフナ　ドゥンナ.
プラティティラ　ホンダウェーウィ　バラーインナワ.

無事を祈る

A：明日から無職になるんだよ。収入がなくなるからとても不安だ。
B：無事を祈るよ。

A：හෙට ඉඳල මට රැකියාවක් නැහැ. ආදායම නැති නිසා ඉදිරියට අමාරුයි.

B：කොහොමහරි ජීවත් වෙන්න දෙව්පිහිට ලැබේවි.

A：ヘタ　インダラ　マタ　ラェキヤーワク　ナェハェ.　アーダーヤマ　ナェティ　ニサー　イディリヤタ　アマールイ.
B：コホマハリ　ジーワトゥ　ウェンナ　デウィピヒタ　ラェベーウィ.

● Bの返答文に近い訳は「どのような状況であれど導きがある」。
★ ආදායම（アーダーヤマ）＝収入

コロンボ・フォート鉄道駅にある書店。シンハラ語で書かれた本が陳列されています。

それで？

A：インターネットを利用するには、プロバイダーと契約しなければいけないんだ。
B：それで？　他に何が必要なの？

A：ඉන්ටනෙට් පාවිච්චි කරනවානම් අන්තර්ජාලය ඇයදුම් කරන්නේ නැතිව බෑ.
B：ඒකට? තව මොනවද ඕනේ?

A：インタネトゥ　パーウィッチ　カラナワナム
　　アンタルジャーラヤ　アェヤドゥム　カランネー
　　ナェティワ　バェー.
B：エーカタ？　タワ　モナワダ　オーネ？

● ඕන（オーナ）は「必然」や「必要」、ආස（アーサ）は「欲求」「願望」「趣向」など、混同しやすい単語だが厳密には意味が分かれる。

何かメリットあるの？

◎　君は他人の悪口ばかり言ってるけど、何かメリットあるの？

ඔයානම් හැමෝගේම ඔපදූප කියන නිසා, ඒක ගැන සතුටුයිද?

オヤーナム　バェモーゲーマ　オーパドゥーパ
キヤナ　ニサー, エーカ　ガェナ　サトゥトゥイダ？

● ඔයානම්（オヤーナム）は直訳で「あなたの場合」。
සතුටුයිද?（サトゥトゥイダ？）は直訳で「楽しいの？」。

私の話を聞いてる？

◎ 反応が無いようだけど、私の話聞いてる？

ඔයා අහගනද ඉන්නේ, මම කියනදේ?

オヤー　アハガナダ　インネー, ママ　キヤナデー？

協力　සහභාගිව ක්‍රියාකිරීම

何かお困りですか？

A：キャビンアテンダントさん、ちょっと！
B：はい、何かお困りですか？

A：නංගි, පොඩ්ඩක් පුළුවන්ද!
B：ඇයි, මොනවහරි ප්‍රශ්නයක්ද?

A：ナンギ, ポッダク　プルワンダ！
B：アェイ, モナワハリ　プラッスナヤクダ？

● නංගි（ナンギ）の呼び掛けは直訳すると「妹」となり、一般的に年下の女性への呼び掛けとして用いる。なお、シンハラ語でキャビンアテンダントに呼びかける決まった言い回しはなく、航空機内では "excuse me" と英語で呼びかけて（オフィシャルやビジネスシーンでの会話として最初に英語から入るのが礼儀とされる）、その後はシンハラ語で会話となるケースも多く見られる。

さあ／では

◎ 試合開始の時間になりました。さあ、お互いに楽しくやりましょう。

තරගය පටන්ගන්න වේලාව ආවා. ඉතින් හැමෝම සතුටින් කරමු.

タラガヤ　パタンガンナ　ウェーラーワ　アーワ.
イティン　ハェモーマ　サトゥティン　カラム.

★ ඉතින් (イティン) ＝さて、それでは

残念だけど

◎ 残念だけど、このお菓子は賞味期限切れだから食べないほうがいい。

බොහෝම කනගාටුයි, මේ අමතරකෑම දින පැනලනේ කන්නේ නැතිව ඉන්න.

ボホーマ　カナガートゥイ，メー　アマタラカェーマ
ディナ　パェナラネー　カンネー　ナェティワ　インナ.

ところで

◎ 今日のお仕事ご苦労様。ところで明日のスケジュールはどうなっていますか？

අදට වැඩ ඉවරයි. ඒක නෙවෙයි හෙට වැඩ කරන දෙවල් මොනවද?

アダタ　ワェダ　イワライ．エーカ　ネウェイ
ヘタ　ワェダ　カラナ　デワル　モナワダ？

● ඒක නෙවෙයි (エーカ ネウェイ) は文章の前後組み合わせ次第では、「そうではなく」「そうじゃない」などに意味合いが変化することもある。

あぶない！

◎ あぶない！ その先には蛇がいる。
බලාගෙන! එහා නයෙක් ඉන්නවා.
バラーゲナ！ エハー ナユェク インナワ.

後悔するよ

◎ 寝る前に歯を磨かないと虫歯になって後悔するよ。
නිදාගන්න ඉස්සරවෙලා දත් මදින්න.
නැතිනම් පස්සේ දත් **පනුවෝ කයි.**
ニダーガンナ イッサラウェラー ダトゥ マディンナ.
ナェティナム パッセー ダトゥ パヌウォー カイ.

★ **ඉස්සර**（イッサラ）＝前の、前もって

どうなっても知らないよ

◎ 最近君は毎晩お酒を飲みすぎだよ。どうなっても知らないよ。
මේ දවසවල ඔයා හැමදෑම රෑට
අරක්කු බොනවා වැඩියි. **මොනව**
උනත් මම දන්නේ නැහැ.
メー ダワサワラ オヤー ハェマダェーマ ラェータ
アラック ボナワ ワェディイ. モナワ
ウナトゥ ママ ダンネー ナェハェ.

★ **වැඩි**（ワディ）＝〜しすぎ、多すぎ、必要以上

油断するな！

◎ この地域にはサソリがいる。油断するな！

මේ පැත්තේ ගෝනුසෝ ඉන්නවා. ඔයා බලාගෙනයි！

メー　パェッテー　ゴーヌソー　インナワ．オヤー　バラーゲナイ！

謙遜 නිහතමානිකම

いいえ、それほどでも

A：英語が話せるなんてすごいね！
B：いいえ、それほどでも。

A：**ඉංග්‍රීසි කථාකරන්න පුළුවන් ඒක හොඳයි！**
B：**අනේ, එහෙම නැහැ.**

A：イングリーシ　カターカランナ　プルワン　エーカ　ホンダイ！
B：アネー，エヘマ　ナェハェ．

恐縮です

A：あなたの案内のおかげでパソコンが直りました。
B：いえいえ、恐縮です。

> A：ඔයා කියල දුන්න විදිය නිසා කොම්පියුටරය හරිගියා.
> B：හරිහරි, ඒක ඒතරම් දෙයක් නෙවෙයි.

A：オヤー　キヤラ　ドゥンナ　ウィディヤ　ニサー　コンピユタラヤ　ハリギヤ.
B：ハリハリ, エーカ　エータラム　デヤク　ネウェイ.

● シンハラ語に「恐縮する」という表現はなく、上記では「大した事ではない」の表現で置き換えている。

とんでもない

A：あなたはスポーツが何でも上手ですね。
B：とんでもない。

> A：ඔයා හැම ක්‍රීඩාවකටම දක්ෂයි නේද.
> B：එහෙමම නැහැ.

A：オヤー　ハェマ　クリーダーワカタマ　ダクシャイ　ネーダ.
B：エヘママ　ナェハェ.

★ හැම～（ハェマ）＝あらゆる、各

朝飯前
A：明日の11時までに会議用の書類を作成してもらえる？
B：そんなの朝飯前だよ。

> A：හෙට 11ට කලින් රැස්වීමේ ලියාකියවිලි හදලා දෙනවද?
> B：ඒක පොඩි දෙයක්නේ.

A：ヘタ　エコラハタ　カリン　ラェスウィーメー
リヤーキヤウィリ　ハダラー　デナワダ？
B：エーカ　ポディ　デヤクネー.

★ කලින්（カリン）＝前、以前

OK！
A：出発していいか？
B：OK！

> A：ගියාට කමක් නැද්ද?
> B：හරි.

A：ギヤータ　カマック　ナェッダ？
B：ハリ.

● හරි（ハリ）は主に問題がないことの意味合いに用いる慣用表現。

かっこいい

◎ 先週のドラマに出てた俳優、かっこいいね。

ගියසතියේ ටෙලිනාට්‍යයේ හිටිය නළුවා හරී හැඩයි නේද.

ギヤサティユェー　テリナータャユェー　ヒティヤ　ナルワー　ハリ　ヘェダイ　ネーダ.

★ හැඩ（ヘェダ）=整い、ハンサム、スタイリッシュ

完璧

A：試験はどうだった？
B：完璧だよ。

　A：විභාග ප්‍රතිඵල කොහොමද?
　B：බොහෝම හොඳයි.

　A：ウィバーガ　プラティタラ　コホマダ？
　B：ボホーマ　ホンダイ.

● හොඳයි（ホンダイ）はポジティブ表現の慣用句。බොහෝම（ボホーマ）が付くことで最上級の意味になる。

大丈夫です

A：何か問題はない？
B：大丈夫です。

　A：මොනව හරී ප්‍රශ්නයක් තියෙනවද?
　B：හොඳයි.

　A：モナワ　ハリ　プラッスナヤク　ティユェナワダ？
　B：ホンダイ.

★ ප්‍රශ්නය（プラッスナヤ）=疑問、問題

もちろんだよ

A：そのパーティーに私も参加していいですか？
B：もちろんだよ。

A：ඒ සාදයට මමත් ආවාට කමක් නැද්ද?
B：අනිවාර්යෙන්.

A：エー サーダヤタ ママトゥ アーワタ カマク ナェッダ？
B：アニワールユェン．

● シンハラ語では目的語に近付いていく表現の場合、英語の"come"と同様に「来る」という動詞を用い、直訳して「来てもよろしいですか」となる。ආවාට（アーワタ）は එනවා（エナワ）＝「来る」の過去形＋ට で仮定形を形成する。

やるねえ！

◎ 試合終了直前にゴールを決めるなんて、やるねえ！

තරගය අවසාන මොහොතේ පාන්දුවක් දම්මි පුදුමයි කියලා හිතුනා.

タラガヤ アワサーナ モホテー パーンドゥワク ダンミ プドゥマイ キヤラー ヒトゥナ．

● පුදුමයි කියලා හිතුනා（プドゥマイ キヤラー ヒトゥナ）は丁寧表現で「素晴らしいことだと思います」くらいの意味合い。口語的に「やるねえ！」ならば පුදුමයි！（プドゥマイ！）の表現だけで十分。
★ පුදුම（プドゥマ）＝素晴らしい、すごい

楽勝

◎ 今度のサッカーの対戦相手は楽勝だね。

මේ සැරේ ඉන්න පාපන්දු කණ්ඩායම අදක්ෂයි නේද?

メー サェレー インナ パーパンドゥ カンダーヤマ アダクシャイ ネーダ？

★ අදක්ෂ（アダクシャ）＝手間が掛からない、容易な

いいね

◎ 君のスマートフォン、いいね。
ඔයාගේ ජංගමදුරකථනය හොඳයි නේද.
オヤーゲ　ジャンガマドゥラカタナヤ　ホンダイ　ネーダ.

● 携帯電話やスマートフォンを ෆෝන්එක（フォーンエカ）と表現することも多い。

イケてる

◎ その服、すごくイケてるね。
ඒ ඇඳුම හොඳට ගැළපෙනවා.
エー　アンドゥマ　ホンダタ　ガェラペナワ.

★ ගැළපෙනවා（ガェラペナワ）＝適している、向いている、合っている

おめでとう

◎ 結婚おめでとう！
ඔයාගේ කසාදෙට සුභ පැතුම්.
オヤーゲ　カサーデタ　スバ　パェトゥム.

★ කසාදය（カサーダヤ）＝結婚

最高

◎ このホテルのサービスは最高。

මේ හෝටලේ ක්‍රියාකාරකම් කියලා වැඩක්නැහැ.

メー ホータレー クリヤーカーラカム キヤラー ウェダクナェハェ.

★ ක්‍රියාකාරී (クリヤーカーリー) ＝活動、仕事、影響力

すごい！

◎ そんなに早く走れるなんてすごい！

හරී හයියෙන් දුවනවා, පුදුමයි!

ハリ ハイユェン ドゥワナワ, プドゥマイ！

叱責 තරවටුව

いい加減にしろ

◎ 人をバカにするのもいい加減にしろ。

අනිත් අය මෝඩයා කරන එක නවත්වන්න.

アニトゥ アヤ モーダヤ カラナ エカ ナワトゥワンナ.

● この場合、**නවත්වන්න**（ナワトゥワンナ）の表現を用い、直訳で「よせ」。

★ අය （アヤ）＝人

言い訳するな

◎ 仕事のミスを言い訳するな。

රැකියාවෙ වැරදි වැඩ හොඳයි කියා හිතන්න එපා.

ラェキヤーウェ ワェラディ ワェダ ホンダイ キヤー ヒタンナ エパー.

● හොඳයි කියා හිතන්න එපා（ホンダイ キヤー ヒタンナ エパー）は直訳で「良いと思い込むのはよせ」。

うるさい！

A：お前は人の話を聞かないから失敗ばかりしているんだよ。
B：うるさい！ 状況を知らないくせに。

A：ඔයා අනිත් අය කියන දේ අහන්නේ නැති නිසා ගොඩාක් වැරදි වෙන්නේ.

B：කෑ ගන්න එපා! මොකුත් දන්නේ නැතිව.

A：オヤー アニトゥ アヤ キヤナ デー アハンネー ナェティ ニサー ゴダーク ワェラディ ウェンネー.

B：カェー ガンナ エパー！ モクトゥ ダンネー ナェティワ.

● 否定命令は動詞の命令形、この場合は ගන්න（ガンナ）+ එපා（エパー）で表現しているが、実際にネイティブの発音を聞くと"ガンネパー"くらいに混ざって聞こえるケースがほとんど。

★ මොකුත්〜（モクトゥ）＝何も〜

黙れ！

A：こんなことも分からないのか。このアホ！
B：黙れ！

A：මේවගේ දෙයක්වත් දන්නේ නැති. බූරුවා！

B：කටවහගනින්！

A：メーワゲー　デヤクワトゥ　ダンネー　ナェティ. ブルワー！

B：カタワハガニン！

- **කට** (カタ)「語り」+ **වහනවා** (ワハナワ)「閉じる」「静かにする」=「黙る」の意味を成す。

調子に乗るな

◎ 最近ラッキーが続いているからって、調子に乗るな。

මේ කාලය වාසනාවන්තයි කියලා,
ඔලව ඉදිකරගන්න එපා.

メー　カーラヤ　ワーサナーワンタイ　キヤラー,
オラワ　イディカラガンナ　エパー.

- **ඉදි කරනවා** (イディ カラナワ) は「建てる」「建設する」の意味が転じて「調子に乗る」という意味で使う。

ふざけるな！

◎ 昨日と今日で言ってることが違うじゃないか。ふざけるな！

ඊයේයි අදයි කියන දේ වෙනස්.
ඔයාගේ ඔළුව හොඳ නැහැ නේද？

イーユェーイ　アダイ　キヤナ　デー　ウェナス.
オヤーゲー　オルワ　ホンダ　ナェハェ　ネーダ？

- 本書はスラング指南ではないので「君の頭、どうかしちゃったの？」くらいの表現に留めておく。

指摘 වැදගත් අංගය

そうじゃないだろ

A：宿泊代金が Rs.4,000 とサービスチャージ 10%で合計 Rs.4,800 をお願いします。
B：そうじゃないだろ。Rs.4,400 が正しい金額だ。

A：වාරිකා ගාස්තු රුපියල් 4,000යි 10% බදු, සම්පූර්ණ ගාස්තුව රුපියල් 4,800යි.

B：එහෙම නෙවෙයි නේද. හරි ගාස්තුව රුපියල් 4,400යි.

A：チャーリカー　ガーストゥ　ルピヤル　ハールダーハイ　パーセントダハヤ　バドゥ,　サムプルナ　ガーストゥワ　ルピヤル　ハーラダース　アッスィーヤイ.

B：エヘマ　ネウェイ　ネーダ. ハリ　ガーストゥワ　ルピヤル　ハーラダースハーラスィーヤイ.

見苦しい

◎ 負け惜しみするなんて見苦しい。

ජය පරාජයෙන් තොර.

ジャヤ　パラージャユェン　トラ.

● 上記は「勝利者たる者悪しき気を起こさない」の決まった言い回しで、単に見苦しいと表現するならば අප්‍රසන්න（アプラサンナ）を用いると良い。

嘘だろ!?

A: 明日はストライキで朝から電車が走らないらしい。
B: 嘘だろ!?

A: හෙට දුම්රිය වර්ජනය නිසා කෝච්චි නැහැ.
B: බොරු නේද!?

A: ヘタ　ドゥムリヤ　ワルジャナヤ　ニサー　コーッチ　ナェハェ.
B: ボル　ネーダ!?

準備はいいですか？

◎ 皆さん、そろそろ出発時間です。準備はいいですか？

යන්න වෙලාව හරි හැමෝම ලෑස්තියි නේද?

ヤンナ　ウェラーワ　ハリ　ハェモーマ　ラェスティイ　ネーダ?

★ ලෑස්තිය（ラェスティヤ）＝準備が整う

冗談だろ !?

A：昨日の TV 番組で、世界一の金持ちの人はスリランカ人だと言ってた。
B：冗談だろ？

A：ඊයේ ටීවී වැඩසටහනින් ලෝකේම ධනවත් කෙනා ලංකාවේ කියලා කිව්වා.

B：බොරුවක් නේද?

A：イーユェー　ティーウィー　ウェダサタハニン　ローケーマ　ダナワトゥ　ケナー　ランカーウェー　キヤラー　キウワ.

B：ボルワク　ネーダ？

大丈夫？

◎ 君、仕事を始めてから全然休んでないけど大丈夫？

ඔයා රැකියාවට ආව දවසේ ඉඳලා නිවාඩු ගන්නේ නැති නිසා ප්‍රශ්නයක් නැද්ද?

オヤー　ラェキヤーワタ　アーワ　ダワセー　インダラー　ニワードゥ　ガンネー　ナェティ　ニサー　プラッスナヤク　ナェッダ？

● ප්‍රශ්නයක් නැද්ද? (プラッスナヤク　ナェッダ) を直訳すると「問題ないですか？」。

ほらね？

A：外を見たら雨が上がっているよ。
B：ほらね？ 僕がさっき言ったとおり雨が止んだだろ。

A：එළියට ගිහින් බලන්න වැස්ස නැවතිලා.
B：කිව්ව නේද? මම කිව්ව විදියට වැස්ස නැවතිලා නේද.

A：エリヤタ ギヒン バランナ ウェッサ ナェワティラー．
B：キウワ ネーダ？ ママ キウワ ウィディヤタ ウェッサ ナェワティラー ネーダ．

● කිව්ව නේද? (キウワ ネーダ) は直訳で「言ったでしょ？」。

本当に？

A：列車の遅延が発生した。到着が2時間遅れる。
B：本当に？

A：කෝච්චිය පරක්කුයි. පැය දෙකක් පරක්කු වෙනවා.
B：ඇත්තමද?

A：コーッチヤ パラックイ．パェヤ デカク パラック ウェナワ．
B：アェッタマダ？

● පරක්කු (パラック) は「遅れ」や「遅延」、හෙමින් (ヘミン) は「ゆっくり」の意味で用いられる。
ඇත්තමද? (アェッタマダ) は ඇත්තද? (アェッタダ)「本当か？」より丁寧な表現で「本当ですか？」。

問題ない？

A：インターネットにつながらなくて困っているんだ。
B：LAN ケーブルが切れていたから交換したよ。どう？問題ない？

A：අන්තර්ජාලය වැඩ නැති නිසා හරිම ප්‍රශ්නේ.
B：ලැන්වයර්එක ගැලවිලා තිබුණේ නිසා මාරුකලා. කොහොමද? ප්‍රශ්නයක් නැද්ද?

A：アンタルジャーラヤ　ワェダ　ナェティ　ニサー　ハリマ　プラッスネー.
B：ラェーンワヤルエカ　ガェラウィラー　ティブネー　ニサー　マールカラー. コホマダ？
プラッスナヤク　ナェッダ？

● අන්තර්ජාලය（アンタルジャーラヤ）はインターネットのシンハラ語表現で、実際には P.32 にある ඉන්ටනෙට්（イントネトゥ）と同義。日本語で言う「パソコン」と「コンピューター」の違いに似たようなもの。
★ ජාලය（ジャーラヤ）＝網、集まり、集合体

焦燥 ඉක්මන්කම

しまった！

◎ しまった！　寝坊してしまった。
මාර වැඩේ! නින්ද ගියානේ.
マーラ　ワェデー！　ニンダ　ギヤーネー.

譲歩 අවසරය

遠慮します

◎ 今日の飲み会は体調が悪いから遠慮します。

අද සනීපනැහැ, බොනපාටියට එන්න අමාරුයි, එන්න ආසයි එත් බැහැ.

アダ サニーパナェハェ ボナパーティヤタ エンナ アマールイ, エンナ アーサイ エトゥ バェハェ.

勘弁してくれ

A：あなた、約束を破ったね。頭にきた！
B：悪かった。勘弁してくれ。

A：ඔයා පොරොන්දුව කැඩුවා නේද. කේන්ති ගියා!

B：සමාවෙන්න, දැන් ඇති නේද.

A：オヤー ポロンドゥワ カェドゥワー ネーダ. ケーンティ ギヤー.

B：サマーウェンナ, ダェン アェティ ネーダ.

★ කේන්තිය (ケーンティヤ) ＝怒り

結構です

A：お茶をもう一杯いかがですか？
B：いえ、もう結構です。

A：තව තේ එකක් බොමුද?
B：ඇති, මේ ඇති.

A：タワ　テー　エカク　ボムダ？
B：アェティ, メー　アェティ.

- එකක් (エカク) を ටිකක් (ティカク) に変えると「もう少しいかがですか」の表現になる。

どうぞお先に

◎ 体の不自由な方から、どうぞお先に。
ආබාධිත අය ඉදිලා මුලින්ම.

アーバーディタ　アヤ　イディラー　ムリンマ.

大したことないね

◎ 彼女は自分でお金持ちとか言っているけど、本当は大したことないね。

ඒ කෙල්ල සල්ලි තියෙනවා කිව්වට,
ඇත්තටම ඒ තරම් නැතිව ඇති.

エー　ケッラ　サッリ　ティユェナワ　キウワタ,
アェッタタマ　エー　タラム　ナェティワ　アェティ.

- ඇති (アェティ) は「十分」という意味の他に、文の組み合わせで推量表現に変化する。
★ තරම් (タラム) =適度、～を超えて

多分

◎ 多分、来週の相場はドルが高くなるだろう。

සමහරවිට ලබන සතියේ ඩොල්රය ගන්න යන්න පුළුවන්.

サマハラウィタ　ラバナ　サティユェー　ドルラヤ
ガンナ　ヤンナ　プルワン.

時と場合による

A：彼は有能だから社長になれると思うよ。
B：そんなのは時と場合による。

A：එයාගේ ඔළුව හොඳ නිසා බොස්කෙනෙක් වෙයි.
B：වෙලාවේ හැටියට තමයි.

A：エヤーゲー　オルワ　ホンダ　ニサー
　　ボスケネク　ウェイ.
B：ウェラーウェー　ハェティヤタ　タマイ.

● එයා (エヤー) は「その人」の意味で、彼・彼女どちらにも用いられる。

制止 නැවැත්වීම

うるさい！

◎ 君たちそこで遊んでいるとうるさい！ 他へ行ってくれないか。

ඔයලා ඕතන සෙල්ලන් කරන විට කරදරයක්! වෙන තැනකට යන්න.

オヤラー　オタナ　セルラン　カラナ　ウィタ
カラダラヤク！　ウェナ　タェナカタ　ヤンナ.

★ තැන（タェナ）=場所

無茶を言うな

◎ 70歳の老人に早く走れなんて、無茶を言うな。

අවුරුදු 70වේ වයසක කෙනෙක්ට දුවන්න කියන්න එපා, බැරි දේවල් කියන්න එපා.

アウルドゥ　ハェッターウェー　ワヤサカ　ケネクタ　ドゥワンナ　キヤンナ　エパー, バェリ　デーワル　キヤンナ　エパー.

● කියන්න එපා (キヤンナ エパー) が文中に二度表現されているが、最初の表現は英語でいう "Don't tell me"「まさか……」のニュアンス。

もうそれ以上言うな

A：あいつのせいで10万ルピーを損したよ……
B：もうそれ以上言うな。

A：ඌ නිසා මට රුපියල් ලක්ෂයක් නැතිවුනා...
B：ඔයා වැඩිය කියන්න එපා.

A：ウー　ニサー　マタ　ルピヤル　ラクシャヤク　ナェティウナー...
B：オヤー　ウェディヤ　キヤンナ　エパー.

追悼 ගුණකථනය

お悔やみ申し上げます

වෙච්චදේට කනගාටුයි.

ウェッチャデータ　カナガートゥイ.

ご冥福をお祈りします
නිවන්සුව ලැබේවා.

ニワンスワ　ラェベーワ.

改めて連絡します
◎ お忙しい様子なので、改めて連絡します。

දැන් කලවෙලාව වගේ නිසා පස්සෙ කථා කරන්නම්.

ダェン　カラウェーラーワ　ワゲー　ニサー　パッセ　カター　カランナム.

● පස්සෙ කථාකරන්නම්（パッセ カターカランナム）は直訳で「後で話します」の表現になるが、文脈で「改めて連絡します」の意味に置き換えられている。

おせっかい
◎ おせっかいかもしれないけど、引越しを手伝ってあげるよ。

කරදරයක් වෙන්න පුළුවන්, එත් මම අස්බස් කරන්න උදව්කරන්නම්.

カラダラヤク　ウェンナ　プルワン,　エトゥ　ママ　アスバス　カランナ　ウダウカランナム.

こういう風にしてごらん

A：鍵が開かないの？ ここの鍵は癖があってね、こういう風にしてごらん。
B：あ、開いた！

A：යතුරෙන් ඇරෙන්නේ නැද්ද? මේ යතුර හරි යන්නේ නැහැ, මේ විදියට කරලා බලන්න.

B：හරි, ඇරුණා!

A：ヤトゥレン アェレンネー ナェッダ？ メー ヤトゥラ ハリ ヤンネー ナェハェ、メー ウィディヤタ カララー バランナ．

B：ハリ，アェルナ！

● ～නැද්ද?（～ナェッダ？）は「～じゃないですか？」と是非を尋ねる疑問表現。

真剣になりなよ

◎ 試験まで残り1ヶ月なんだから真剣になりなよ。

විභාගයට තව මාසයක් නිසා විශ්වාසයෙන් වැඩ කරන්න.

ウィバーガヤタ タワ マーサヤク ニサー ウッスワーサユェン ウェダ カランナ．

● තව（タワ）は文脈によって「残すところ」「更に」「もっと」などの意味に変化する。

ごもっとも

A：無駄遣いしているとお金が貯まらないよ。
B：ごもっとも。

A：අනවශ්‍ය වියදම් කරනවිට සල්ලි ඉතිරි වෙන්නේ නැහැ.
B：ඒක තමයි.

A：アナワッスャ　ウィヤダム　カラナウィタ　サッリ　イティリ　ウェンネー　ネェハェ.
B：エーカ　タマイ.

● ඒක තමයි（エーカ タマイ）＝「そのとおり」や එහෙම තමයි（エヘマ タマイ）＝「そうですねえ」はシンハラ語会話で頻出。

そうですね

A：今日は天気がいいね。
B：そうですね。

A：අද කාලගුණය හොඳයි නේද?
B：එහෙමයි.

A：アダ　カーラグナヤ　ホンダイ　ネーダ？
B：エヘマイ.

● එහෙම තමයි（エヘマ タマイ）より එහෙමයි（エヘマイ）の表現だけだと感情移入は弱め。

その通り！

A：税金高すぎだろ？
B：その通り！

A：ආදායම් බදු වැඩියි නේද?
B：ඒක ඇත්තමයි.

A：アーダーヤム　バドゥ　ウェディイ　ネーダ？
B：エーカ　ア㇂ェッタマイ．

● ඇත්තමයි（アェッタマイ）は තමයි（タマイ）以上に相手に同調する相槌表現。

同感！

A：彼女は真面目に働かないからクビになったんだよ。
B：同感！

A：ඒ කෙල්ල හරියට වැඩකරන්නේ නැති නිසා අස්කරා.
B：මමත් එහෙම හිතුවා.

A：エー　ケッラ　ハリヤタ　ウェダカランネー　ナェティ　ニサー　アスカラー．
B：ママトゥ　エヘマ　ヒトゥワ．

★ අස්කරනවා（アスカラナワ）＝整理する、配置する

はい、どうぞ

A：パスポートを見せてください。
B：はい、どうぞ。

A：ගමන් බලපත්‍රය පෙන්නන්න.
B：අා, මේන්න.

A：ガマン　バラパトゥラヤ　ペンナンナ．
B：アー，メーンナ．

当惑 වියවුල්කිරීම

意味不明
◎ 君の言ってることは起承転結がなされてなくて意味不明だよ。

උබ කියනදේ හරි තේරුමක් ඇත්තේ නැහැ.

ウバ　キヤナデー　ハリ　テールマク　ァェッテーナェハェ.

● 起承転結がなされず意味不明という表現をシンハラ語にするならば、「言っていることが整然とせず理解不能」という言い回しでニュアンスが伝わる。

えーと、……
◎ なんて言えばいいのかな？　えーと、……

කොහොම කියන්නද? වේ...

コホマ　キヤンナダ？　ウェー...

困ったなぁ……
◎ 今、手持ちの現金がないんだよ。困ったなぁ……

දැන් අතේ සල්ලි නැහැ. හරි වැඩේ...

ダェン　アテー　サッリ　ナェハェ.　ハリ　ワェデー…

● අතේ (アテー) で「手中」の表現が転じて「手持ち」の意味に用いられる。හරි වැඩේ (ハリ ワェデー) はとても困ったときの慣用句。

時間がない

◎ 今は8時半。列車が9時発車だからもう時間がない。

දැන් 8:30යි. කෝච්චිය 9:00ට තියන නිසා දැන් වෙලාව නැහැ.

ダン アタハマーライ. コーッチヤ ナマヤタ ティヤナ ニサー ダェン ウェラーワ ナェハェ.

● හමාලයි (ハマーライ) は「～時半」の慣用表現。

どうしたらいいの？

◎ このゲームの始め方がわからない。どうしたらいいの？

මේ තරගයේ පටන්ගැනීම් දන්නේ නැහැ. කොහොමද කරන්නේ?

メー タラガユェー パタンガェニーム ダンネー ナェハェ. コホマダ カランネ?

何とかならないの？

A：ひどい渋滞なので空港まで2時間かかります。
B：何とかならないの？

A: පුදුම වාහන තදබදය නිසා ගුවන්තොටුපොලට පැය 2ක් විතර යනවා.

B: කරන්නම් දෙයක් නැද්ද?

A：プドゥマ ワーハナ タダバダヤ ニサー グワントゥポラタ パェヤ デカク ウィタラ ヤナワ.

B：カランナム デヤク ナェッダ?

● පුදුම (プドゥマ) は否定的表現「ひどい」の意味でも用いられる。
දෙයක් (デヤク)「事」の手前に කරන්නම් (カランナム)「するべき」を置き、「最良の行動・選択」と表現。

私に言われても困る

A：不動産を処分したいんだけど、そうすべき？
B：そういうのは私に言われても困るなあ。

   A：මේ ඉඩම විකුණන්න ඕන, එහෙම කලාට කමක් නැද්ද?
   B：ඒක මගෙන් ඇහුවට වැඩක් වෙන්නේ නැහැ.

   A：メー イダマ ウィクナンナ オーナ, エヘマ カラータ カマク ナェッダ？
   B：エーカ マゲン アェフワタ ウェダク ウェンネー ナェハェ.

● වැඩක් වෙනවා (ウェダク ウェナワ) は直訳で「仕事になる」。尋ねられてもまともな回答 (仕事) にならないことが転じてこの表現を用いている。

励まし ධෛර්යමත්කිරීම

応援しているよ！

◎ 明日のサッカーの試合、応援しているよ！
හෙට තියෙන පාපන්දු තරගයට සහයෝගයදෙනවා.

   ヘタ ティユェナ パーパンドゥ タラガヤタ サンガヨーガヤデナワ.

頑張りましょう

◎ 試験に合格するために頑張りましょう。
විභාගේ පාස්වෙන්න හොඳට උනන්දුවෙමු.

ウィバーゲー　パースウェンナ　ホンダタ　ウナンドゥウェム.

★ උනන්දුවෙනවා（ウナンドゥウェナワ）＝頑張る

がんばれ！

◎ 来週の試験がんばれ！
ලබනසතියේ විභාගේ උන්දුවෙන් කරන්න.

ラバナサティユェー　ウィバーゲー　ウンドゥウェン　カランナ.

● උන්දුවෙන් කරනවා（ウンドゥウェン カラナワ）で自動的、前述の උනන්දුවෙනවා（ウナンドゥウェナワ）では他動的な使い方が多い。

気にするな

◎ そんなの小さなミスだから気にするな。
ඒක පොඩි වැරදක් නිසා වැඩිය හිතන්න එපා.

エーカ　ポディ　ウェラダク　ニサー　ウェディヤ　ヒタンナ　エパー.

★ වැරදීම（ウェラディーマ）＝間違い、失敗、エラー

怖がることはない（心配無用）

◎ うちの犬は誰にでも人懐っこいんだ。だから怖がることはない（心配無用）。

අපේ ගෙදර බල්ලා එච්චර සැරනැහැ ඒ නිසා බයවෙන්න එපා.

アペー　ゲダラ　バッラー　エッチャラ
サェラナェヘェ　エー　ニサ　バヤウェンナ　エパー.

● සැරයි (サライ) は「(味が) 辛い」という表現の他に、「性格がきつい」という意味にも用いる。
බය (バヤ) =「恐れ」と වෙනවා (ウェナワ) =「なる」を合わせて「怖がる」「恐れる」の表現を形成する。

心配することはない

◎ あなたの病気は治るから心配することはない。

ඔයාගේ ලෙඩේ හොඳවෙන නිසා බයවෙන්න දෙයක් නැහැ.

オヤーゲー　レネー　ホンダウェナ　ニサー
バヤウェンナ　デヤク　ナェハェ.

高い勉強代

◎ その失敗は高い勉強代だったと考えなよ。

ඒ වැරදීම අධික ඉගනීමක්(පාඩමක්) කියලා හිතන්න.

エー　ウェラディーマ　アディカ　イガニーマク
(パーダマク)　キヤラー　ヒタンナ.

● අධික (アディカ) は「〜以上の」という形容詞。この場合 අධික ඉගනීමක් (アディカ イガニーマク)「大いなる学習」という表現。
★ පාඩම (パーダマ) = レッスン

何とかなるさ

◎ ビジネスは最初が大変だけど、頑張っていればいつか何とかなるさ。

ව්‍යාපාරයක් කරන්න ඉස්සර වෙලා අමාරු උනාට කවදාහරි සාර්ථකවෙයි.

ワャーパーラヤク　カランナ　イッサラ　ウェラー　アマール　ウナータ　カワダハリ　サールタカウェイ.

★ සාර්ථක（サールタカ）＝成功

夢を叶えよう

◎ 毎日努力して夢を叶えよう。

හැමදෑම උත්සහයෙන් වැඩකරලා සාර්ථක කරගමු.

ハェマダェーマ　ウトゥサハユェン　ウェダカララー　サールタカ　カラガム.

労い තෘණගය

お気の毒に

◎ 内戦に巻き込まれてお父さんを亡くしたの？お気の毒に。

යුද්ධයවෙලාවෙ තාත්ත නැතිඋනාද? හරිම දුකයි.

ユッダヤウェラーウェ　タータ　ナェティウナーダ？　ハリマ　ドゥカイ.

● නැතිඋනා（ナェティウナー）は有形無形問わず「なくなった」の意味だが、人が他界した際の口語表現でも使われる。

お疲れ様

◎ 今日のお仕事、お疲れ様でした。
　අද වැඩට බොහෝම ස්තූතියි.
　アダ　ワェダタ　ボホーマ　ストゥティイ.

● スリランカでの「お疲れ様」にあたる表現はなく、もし相手を労うなら「今日のお仕事どうもありがとう」の表現でよい。

ご苦労様

◎ 配達ご苦労様。
　ගෙනත් දුන්නාට ස්තූතියි.
　ゲナトゥ　ドゥンナータ　ストゥティイ.

● これも上記同様で、「配達ありがとう」程度の表現に留まる。

悲観 දුකහිතන

ガッカリ

◎ 明日は天気が悪いのでガッカリ。
　හෙට කාලගුණය හොඳ නැති නිසා අයියෝ.
　ヘタ　カーラグナヤ　ホンダ　ナェティ　ニサー
　アイヨー.

● අයියෝ（アイヨー）は悲観や失望を表現し、あらゆる場面で用いる。「ガッカリ！」という表現を අයියෝ！単独で言うことも多い。

悲しい

◎ 津波でたくさんの人が死んで悲しい。
සුනාමි වෙලාවේ ගොඩාක් අය නැතිවුන නිසා කනගාටුයි.
スナーミ　ウェラーウェー　ゴダーク　アヤ
ナェティウナ　ニサー　カナガートゥイ．

● シンハラ語には津波のような"ツ"の発音がないため"සු"や"ත්සු"で代用される。

悲しくて仕方ない

◎ 戦争で家族を失い、悲しくて仕方ない。
යුද්ධෙදි පවුලේඅය නැතිඋනාට, දුක ඉවසන් ඉන්නවා.
ユッデディ　パウレーアヤ　ナェティウナータ，
ドゥカ　イワサン　インナワ．

● ඉවසන් ඉන්නවා（イワサン インナワ）は直訳で「悲しみを堪えている」。

汚らしい！

◎ 汚れた手で触らないで！ 汚らしい。
කිලුටු අතින් අල්ලන්න එපා! අජ්පිරියයි.
キルトゥ　アティン　アッランナ　エパー！
アッピリヤイ．

苦しい

◎ 物価が高くなり生活が苦しい。

ජීවන වියදම ඉහලගිය නිසා ජීවත්වෙන්න අමාරුයි.

ジーワナ　ウィヤダマ　イハラギヤ　ニサー
ジーワトゥウェンナ　アマールイ.

- ජීව（ジーワ）は主に生きることや人生にまつわる単語で、組み合わせで色々な意味に変化する。例文では වියදම（ウィヤダマ）が付加され名詞形の「支出」。動詞形で生活そのものを表現する場合は ජීවත්（ジーワトゥ）に活用され වෙන්න（ウェンナ）が付加される。

心配だなあ

◎ バスで目的地にたどり着けるか心配だなあ。

බස්එක හරියට යන්නඕන තැනට යයිද දන්නේ නැහැ.

バスエカ　ハリヤタ　ヤンナオーナ　タェナタ
ヤイダ　ダンネー　ナェハェ.

- දන්නේ නැහැ（ダンネー ナェハェ）は直訳で「知らない」だが、文脈次第で「心配」「聞いてない」などに変化する。

つらい

◎ 炎天下を歩き続けるのはつらい。

හිරුඉලි රස්නේ නිසා බිම ඇවිදින්න අමාරුයි.

ヒルイリ　ラスネー　ニサー　ビマ　アウィディンナ
アマールイ.

- අමාරුයි（アマールイ）はシンハラ語頻出単語で「難しい」「厳しい」など、否定表現で多く用いられる。

バカらしい

◎ 同じ商品なのにあっちのスーパーマーケットのほうが安いなんて、ここで買うのがバカらしい。

එකම දේ අර කඩේම ලාභ තියෙන නිසා මෙතනින් ගැනීම මෝඩවැඩක්.

エカマ　デー　アラ　カデーマ　ラーバ　ティユェナ
ニサー　メタニン　ガェニーマ　モーダワェダク.

まずいことに

◎ 風邪を引いた。まずいことに薬を切らしている。

හෙම්බිරිස්සාව හැදුනට. හරි වැඩේනේ බෙහෙත් ළඟනැහැ.

ヘンビリッサーワ　ハェドゥナタ.　ハリ
ワェデーネー　ベヘトゥ　ランガナェハェ.

● ළඟ（ランガ）「近く」に + නැහැ（ナェハェ）「ない」の否定で打ち消して「近くにない」＝「切らしている」意味として表現する。

スリランカといえば「象」といわれるくらい、象は大切に扱われています。写真は家族からはぐれた子象を収容するピンナワラ孤児園。

ありえない

A：搭乗予約の確認が取れません。
B：ありえない！ 昨日インターネットで予約を入れたはずだ。

A：ගුවන්ගමන් ප්‍රවේශපත්‍රය සෝයාගන්න අමාරුයි.

B：විශ්වාස කරන්න අමාරුයි! ඊයේ අන්තර්ජාලයෙන් ඇයදුම්කලා.

A：グワンガマン　プラウェーッサパトゥラヤ
　　ソーヤーガンナ　アマールイ．

B：ウィッスワーサ　カランナ　アマールイ！　イーユェー
　　アンタラジャーラユェン　アェヤドゥムカラー．

● විශ්වාස（ウィッスワーサ）「信用・信頼」に කරන්න අමාරුයි（カランナ アマールイ）「することが出来ない」の打ち消しが加わり「あり得ない」の表現に代える。

いやだなあ

◎ キレイなトイレは全部使用中で汚いトイレしか空いてない。いやだなあ。

වැසිකිලි සියල්ල භාවිත කරපු නිසා අපිරිසිදු ඒවා විතරයි තියෙන්නේ. කැතයි.

ワェシキリ　シヤッラ　バーウィタ　カラプ　ニサー
アピリシドゥ　エーワー　ウィタライ　ティユェンネ．
カェタイ．

★ කැතයි（カェタイ）＝汚い、見苦しい

ウザい

◎ 彼の嫉妬がウザい。

ඔහුගේ ඊරිෂ්‍යාව අකමැතිකම.

オフゲー　イーリシャーワ　アカマェティカマ.

★ අකමැති（アカマティ）＝望まない、仕方なしの

お言葉ですが

◎ お言葉ですが、あなたが思うほど彼の運動神経は悪くない。

වචන නැහැ, ඔයා හිතන තරම් එයාගේ ව්‍යායාම් හොඳ නැත්තේ නැහැ.

ワチャナ　ナェハェ，オヤー　ヒタナ　タラム
エヤーゲー　ワーヤーム　ホンダ　ナェッテー
ナェハェ.

● 文頭に වචන නැහැ（ワチャナ ナェハェ）を加えると「悪く言うつもりはないのですが……」という断り表現で始まる。

関係ない

◎ 売り上げが下がったことと天気が悪かったことは関係ない。

ආදායම අඩුවීම කාලගුණය සම්බන්ධයක් නැහැ.

アーダェヤマ　アドゥウィーマ　カーラグナヤ
サンバンダヤク　ナェハェ.

★ සම්බන්ධය（サンバンダヤ）＝関係、関連

興味がない

◎ 僕は株トレードに興味がない。

මම කොටස් වෙළඳ පොලොට ආසාවෙක් නැහැ.

ママ　コタス　ウェランダ　ポロタ
アーサーウェク　ナェヘェ.

知ったことではない

◎ ライバル会社が新しいビジネスで失敗したけど、私の知ったことではない。

රයිබරු කොම්පැනිය අලුත් ව්‍යාපාරයෙන් පාඩු ලැබුවත් මම කරපු දන්න දෙයක් නෙවෙයි.

ライバル　コンパェニヤ　アルトゥ
ワャーパーラユェン　パードゥ　ラェブワトゥ　ママ
カラプ　ダンナ　デヤク　ネウェイ.

信じられない

◎ 今まで成績の悪かったあなたが今回のテストでトップだなんて信じられない。

මේතෙක් කල් කරපු විභාග ඔබ අසාර්ථක වූ නිසා මේවර පළමු තැනයි කියා සිතාගන්න හරි අමාරුයි.

メーテク　カル　カラプ　ウィバーガ　オバ
アサールタカ　ウー　ニサー　メーワラ　パラム
タェナイ　キヤー　シターガンナ　ハリ　アマールイ.

★ අසාර්ථක（アサールタカ）＝上手くいかない、失敗の

それは違うよ

A：キトゥルパニはたくさん食べればやせるんでしょ？
B：それは違うよ。

A：කිතුල්පැණි ගොඩාක් කෑවම කෙට්ටු වෙනවා නේද?
B：එහෙම වෙන්න බැහැ.

A：キトゥルパェニ　ゴダーク　カェーワマ　ケットゥ　ウェナワ　ネーダ？
B：エヘマ　ウェンナ　バェハェ．

● 例文は「そうはならない」と言い表している。එහෙම නැහැ (エヘマ ナェハェ) =「それは違う」と率直に言っても良い。

そんなことをやってる場合ではない

◎ この忙しい中、今はそんなことをやっている場合ではない。

මේ තරම් වැඩ අධික වේලාවක, දැන් ඒ වගේ දේවල් කරන කාලයක් නෙවෙයි.

メー　タラム　ウェダ　アディカ　ウェーラーワカ，
ダェン　エー　ワゲー　デーワル　カラナ　カーラヤク
ネウェイ．

★ අධික (アディカ) =「～すぎる」

ダサい／ヘボい

◎ あの車、デザインがダサい／ヘボい。
අර වාහනයේ මෝඩල්එක හරිම කැතයි.

アラ ワーハナユェー モーダルエカ ハリマ カェタイ.

● 自動車を表す単語には රථය（ラタヤ）や කාර්එක（カーレカ）も一般的に用いる。

ダメだ！

A：猫を飼ってもいい？
B：ダメだ！

A：පූසෙක් ගත්තට කමක් නැද්ද?
B：එපඑපා!

A：プーセク ガッタタ カマク ナェッダ？
B：エパエパー！

● එපා（エパー）だけでも拒絶を表すが、上記より軽い表現になる。

納得できない

◎ あなたの意見はおかしい。納得できない。
ඔයා හිතනදේ වැරදියි. හිතන්න අමාරුයි.

オヤー ヒタナデー ウェラディイ. ヒタンナ アマールイ.

まどろっこしい

◎ 君の言い回しはまどろっこしいんだよ。

ඔයා හරියට කියන්නේ නැති නිසා තේරුම් ගන්න අමාරුයි.

オヤー　ハリヤタ　キヤンネー　ナェティ　ニサー
テールム　ガンナ　アマールイ．

- 「まどろっこしい」に通じる表現はなく、上記「君がきちんと話さないから理解に苦しむ」を用いて相手の表現の不備を指摘している。

もう無理

◎ 今日は朝から引越し作業を休まず続けたけど、もう無理。

අද උදේ ඉදලා ගෙවල් මාරු කරන වැඩ කරන නිසා, දැන්නම් හොඳටම ඇති.

アダ　ウデー　インダラー　ゲワル　マール　カラナ
ウェダ　カラナ　ニサー，ダェンナム　ホンダタマ
アェティ．

- හොඳටම ඇති (ホンダタマ アェティ) =「十分に努力した」のニュアンス。

憤怒 හයකිරීම

最低だよ！

◎ スポーティングタイムズで5000ルピーも負けた。最低だよ！

අශ්ව රේස්එකෙන් රූ.5,000ක් පැරදුන නිසා හොඳටම හිත රිදෙනවා.

アッスワ　レースエケン　ルピヤルパンダーハク
パェラドゥナ　ニサー　ホンダタマ　ヒタ　リデナワ.

- හොඳටම හිත රිදෙනවා (ホンダタマ ヒタ リデナワ) は直訳表現としては「とても心が痛む」。
  "スポーティングタイムズ" とはスリランカにあるサテライト競馬場のこと。
- ★ හිත (ヒタ) =心、精神

何言ってるの!?

A：貸した金を返せよ。
B：何言ってるの!?　先週返したでしょ？

A：ගන්න සල්ලි දීපන්！
B：මොනවද කියන්නේ!? ගිය සතියේ දුන්නා නේ？

A：ガンナ　サッリ　ディーパン！
B：モナワダ　キヤンネ!?　ギヤ　サティユェー　ドゥンナ　ネー？

- 命令表現の中には厳しさを表すものもあり、動詞原型に පන් (パン) を組み合わせて「〜しろ」という言い回しになるが、トラブルの元になるので乱用は避けたい。

バカにしてるのか？

A：君にはこの本に書かれている意味が分からないかもしれないが……
B：おまえ、俺のことをバカにしてるのか？

A：ඔයාට මේ පොතේ ලියපුදේවල් තේරෙන්නේ නැති වෙන්න පුළුවන්...
B：උබ, මම මෝඩයෙක් විදියටද හිතන්නේ？

A：オヤータ　メー　ポテー　リヤプデーワル
　　テーレンネー　ナェティ　ウェンナ　プルワン…
B：ウバ，ママ　モーダユェク　ウィディヤタダ
　　ヒタンネ？

★ මෝඩයා（モーダヤー）=馬鹿

バカにするな！

A：その程度の勉強では試験に合格しないと思うよ。
B：バカにするな！

A：ඔයා විදියට පාඩම් කරලා විභාගය පාස් වෙයි කියා හිතන්න අමාරුයි.
B：මෝඩයෙක් කියලා හිතන්න එපා！

A：オヤー　ウィディヤタ　パーダム　カララー
　　ウィバーガヤ　パース　ウェイ　キヤー
　　ヒタンナ　アマールイ．
B：モーダユェク　キヤラー　ヒタンナ　エパー！

バカも休み休み言え

A：みんなでエアコンを付けて窓を開ければ地球の温暖化防止になるかな？
B：バカも休み休み言え。なるわけないだろ。

A：අපි ඔක්කොම ඒ/සී දාලා ජනේල් ඇරියාම පොළව රත්ගනේ නැති වෙනවා නේද?

B：විහිළු කතා කියන්න එපා. එහෙම වෙන්නේ නැහැ.

A：アピ オッコマ エーシー ダーラー ジャネール アェリヤーマ ポラワ ラッスネー ナェティ ウェナワ ネーダ？
B：ウィヒル カター キヤンナ エパー. エヘマ ウェンネー ナェハェ.

● シンハラ語での「エアコン」を表現する単語は一般に ඒ/සී（エーシー）。シンハラ語に混じってエアコンの箇所だけ英文字で "A/C" と表記されることが多い。ජනේල් ඇරියාම（ジャネール アェリヤーマ）は窓を開けっ放しにする意味。
★ පොළව（ポラワ）＝地球

腹が立つ

◎ あいつ、俺のこと陰口たたきやがって、腹が立つ。

අරූ, මම ගැන වැරදි හරියට කියනවා, මට තදවෙනවා.

アルー ママ ガェナ ウェラディ ハリヤタ キヤナワ, マタ タダウェナワ.

不愉快だ

◎ この取引では貴社より我が社の利益が少ないではないか。不愉快だ。

මේ වැඩෙන් ඔයාගේ කොම්පැනියට තරම් මගේ කොම්පැනියට ලාභ නැහැ. ඒ තරම් හොඳ නැහැ.

メー　ウェデン　オヤーゲー　コンパェニヤタ
タラム　マゲー　コンパェニヤタ　ラーバ
ナェハェ. エー　タラム　ホンダ　ナェハェ.

● 例文では「よろしくない」と紳士的に言っているだけで、不愉快な気分を明白に表現するには **සැනසිලි නැහැ** (サェナシリ ナェハェ) の表現がある。

目障りだ

◎ あの店、うちのアイディアを盗んで売り上げを伸ばしてやがる。目障りだ。

අර කඩේ, අපේ අදහස් අරගන ව්‍යාපාරය අති සාර්ථක කරගන. දැක්කම කේන්ති යනවා.

アラ　カデー, アペー　アダハス　アラガナ
ワャーパーラヤ　アティ　サールタカ　カラガナ.
ダェッカマ　ケーンティ　ヤナワ.

★ **අදහස** (アダハサ) ＝アイディア
　කේන්තිය (ケーンティヤ) ＝怒り、憤怒

簡単に言うと

A：上司に「明日から来なくていい」と言われたのだが……
B：簡単に言うと、君はクビになったんだよ。

A：අයිතිකරු කිව්වා, හෙට ඉඳලා ආවේ නැතිවුනාට කමක් නැහැ කියා...

B：ලේසියෙන් කියලා, ඔයා රැකියාවෙන් අස් කරලා.

A：アイティカル キウワ, ヘタ インダラー アーウェー ナェティウナータ カマク ナェハェ キヤー...

B：レーシユェン キヤラー, オヤー ラェキヤーウェン アス カララー.

★ ලේසි （レーシ）＝簡単

ちなみに

◎ このスマホは10000ルピーです。ちなみにインド製です。

මේ දුරකථනය රු.10,000/-.
සමහරවිට ඉන්දියාවේ එකක්.

メー ドゥラカタナヤ ルピヤル ダハダーハイ.
サマハラウィタ インディヤーウェー エカ.

● 〜එක（〜エカ）は英語で言うところの "〜one" で、あらゆる表現に用いられる。例文の場合「インド産の一品」の表現。

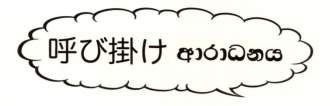

それでは

◎ 試合開始時間になりました。それでは、お互いに楽しくやりましょう。

තරගය පටන් ගන්න වේලාව හරි.
එහෙනම් අපි විනෝදයෙන් කරමු.

タラガヤ パタン ガンナ ウェーラーワ ハリ.
エヘナム アピ ウィノーダユエン カラム.

★ විනෝදය（ウィノーダヤ）＝娯楽、保養

あきれて言葉も出ない

◎ 彼は真面目に仕事をしないのに給料が上がらないとぼやいている。あきれて言葉も出ない。

ඔහු උනන්දුවෙන් වැඩ කරන්නේ නැති
නිසා පඩි වැඩි කරන්නේ නැහැ කියා.
කේන්තියෙන් කියන්න වචන නැහැ.

オフ ウナンドゥウェン ワェダ カランネー ナェティ
ニサー パディ ワェディ カランネー ナェハェ キヤー.
ケーンティユエン キヤンナ ワチャナ ナェハェ.

● この文体での වචන නැහැ（ワチャナ ナェハェ）は直訳的に「言葉が出ない」。

あきれるよ

◎ 君の話は嘘ばっかりであきれるよ。

ඔයා කියන්නේ බොරු විතරක් නිසා මට දැන් එපා වෙල.

オヤー　キヤンネー　ボル　ウィタラク　ニサー
マタ　ダェン　エパー　ウェラ.

★ ～විතර (ウィタラ) =～だけ、～のみ、～ばかり

ありえない

◎ コンピューターが計算を間違えるなんてありえない。

කොම්පියුටර්එකට ගණන් වැරදෙනවා කියා හිතන්න අමාරුයි.

コンピユタルエカタ　ガナン　ウェラデナワ
キヤー　ヒタンナ　アマールイ.

★ ගණිනවා (ガニナワ) =計算する

嫌気がさすよ

◎ あの人の拝金主義には嫌気がさすよ。

අරයා සල්ලි මත්තේම ඉන්නේ, මම ඒතරම් කැමති නැහැ.

アラヤー　サッリ　マッテーマ　インネ, ママ
エータラム　カェマティ　ナェハェ.

● කැමති (カェマティ) は ආසයි (アーサイ) の「～したい」とは異なり、「～を好む」「～に熱心」等で用いる。

しょうがないなあ

A：この仕事は君じゃないと出来ないんだよ。
B：しょうがないなあ。じゃあ手伝ってやるか。

A：මේ වැඩේ ඔයා නැතිව කරන්න අමාරුයි.
B：අා, එහෙමද. එහෙනම් උදව් කරන්නම්.

A：メー ワェデー オヤー ナェティワ カランナ アマールイ.
B：アー，エヘマダ. エヘナム ウダウ カランナム.

● අා,එහෙමද (アー，エヘマダ) =「ああ、そうなのかい」とボヤくように言うことで「しょうがないなあ」のニュアンスになる。

どうでもいいや

A：明日の夜7時に選挙結果が発表されるよ。
B：どうでもいいや。見なくても結果は分かる。

A：හෙට රෑ 7:00ට චන්ද ප්‍රතිඵල නිකුත් කරනවා.
B：මොනවා වුනත් කමක් නැහැ. බැලුවේ නැති වුනත් දන්නවා.

A：ヘタ ラェーハタタ チャンダ プラティパラ ニクトゥ カラナワ.
B：モナワー ウナトゥ カマク ナェハェ. バェルウェー ナェティ ウナトゥ ダンナワ.

● シンハラ語は日本語同様に"午前/午後"を前置詞としてつける表現がある。午前7時なら උදේ 7:00යි (ウデー ハタイ)。

何回言えば分かるの？

◎ 毎日遅刻したら信用を失くすって、何回言えば分かるの？

හැමදෑම පරක්කු වෙලා එන නිසා විශ්වාසයක් නැහැ, කොහොමද කියන්නේ?

ハェマダェーマ　パラック　ウェラー　エナ　ニサー　ウィッスワーサヤク　ナェハェ, コホマダ　キヤンネ？

● කොහොමද කියන්නේ (コホマダ キヤンネ)の直訳だと＝「どう言えば理解してもらえるのか」。

ひどいなあ

◎ ひどいなあ。嵐で港にゴミが散乱している。

ලොකුම විනාශයක්. මුහුද වෙර්ලේ කුණු ගොඩාක් ගොඩ ගැහිලා.

ロクマ　ウィナーッサヤク. ムフドゥ　ウェッレー　クヌ　ゴダーク　ゴダ　ガェヒラー.

★ විනාශය (ウィナーッサヤ) ＝破壊、壊滅

前にも言いましたが

◎ 前にも言いましたが、私は携帯番号を変更しました。

මීට කලිවුන් කිව්වා, මම දුරකතන අංකය වෙනස් කලා.

ミータ　カリウン　キウワ, ママ　ドゥラカタナ　アンカヤ　ウェナス　カラー.

★ වෙනස් (ウェナス) ＝違い

またですか？

A：先週バイクのプラグを交換したのに、今日もプラグのトラブルで動かなくなっちゃったよ。
B：またですか？

A：ගිය සතියේ බයික්එකේ ප්ලග්එක මාරු කලාට අදත් ප්ලග්එකේ ප්‍රශ්නයට ක්‍රියාවිරහිත වෙලා.

B：ආයේමත්？

A：ギヤ　サティユェー　バイクエケー　プラグエカ　マール　カラータ　アダトゥ　プラグエケー　プラッスナヤタ　クリヤーウィラヒタ　ウェラー.

B：アーユェーマトゥ？

目も当てられない

◎ ひどい交通事故現場だな。目も当てられない。

පුදුමම වාහන හැප්පීමක්. බලාගන ඉන්න තරම් අමාරුයි.

プドゥママ　ワーハナ　ハェッピーマク. バラーガナ　インナ　タラム　アマールイ.

やってられない

◎ いくら掃除してもあなたが汚すから部屋がキレイにならない。もうやってられない。

කොහොම හොඳට පිරිසිදු කලාත්, ඔයා අපිරිසිදු කරන නිසා කාමරය ලස්සන වෙන්න නැහැ. මීට වැඩිය කරන්න බැහැ.

コホマ　ホンダタ　ピリシドゥ　カラートゥ,
オヤー　アピリシドゥ　カラナ　ニサー　カーマラヤ
ラッサナ　ウェンナ　ナェハェ. ミータ　ウェディヤ
カランナ　バェハェ.

ヤレヤレ

◎ タクシーが故障して走れないだと!? ヤレヤレ。

කුලීරථය කැඩුන නිසා දුවන්න අමාරුද!? ආ එහෙමද? අයියෝ.

クリーラタヤ　カェドゥナ　ニサー　ドゥワンナ
アマールダ!?　アー　エヘマダ？　アイヨー.

● ここでは上記表現を用いたが、**කනගාටුයි**（カナガートゥイ）＝「残念」を用いるなど、個々で表現は異なる。

理解 තේරුම

言わなくても分かるでしょ

◎ もうあなたは立派な大人だから、あなたの立場は言わなくても分かるでしょ。

දැන් ඔයා වැඩිහිටියෙක් නිසා, ඔයාට හැමදෙයක්ම කිව්වේ නැතිවුනත් තේරෙනවා නේද?

ダェン　オヤー　ウェディヒティユェク　ニサー,
オヤータ　ハェマデヤクマ　キウウェー
ナェティウナトゥ　テーレナワ　ネーダ？

考えれば分かることだよ

A：このミスの原因が分からない。
B：君は今焦りすぎている。冷静になって考えれば分かることだよ。

A：මේ වැඩේ කොහොම වැරදුනාද දන්නේ නැහැ.

B：ඔයා දැන් ඉක්මන්වැඩි. හෙමින් හිතුවාම තේරෙයි.

A：メー　ウェデー　コホマ　ウェラドゥナーダ　ダンネー　ナェハェ.
B：オヤ　ダェン　イクマンウェディ. ヘミン　ヒトゥワーマ　テーレイ.

● හෙමින් හිතුවාම（ヘミン ヒトゥワーマ）は「落ち着いて」のニュアンス。

そのうちに分かる

◎ 今はみんな大統領の良さが分からないけど、そのうちに分かるさ。

තාම අපි ජනාධිපතිගේ ක්‍රියාකාරකම් දන්නේ නැහැ, තවසුළු කාලයකින් තේරේවි.

ターマ　アピ　ジャナーディパティゲー　クリヤーカーラカム　ダンネー　ナェハェ, タワスル　カーラヤキン　テーレーウィ.

● ක්‍රියාකාරකම් දන්නේ නැහැ（クリヤーカーラカム ダンネー ナェハェ）は直訳で「活動内容が知られていない」。
තාම（ターマ）は文脈により「まだ」「〜以上」と変化するが、例文は前者。

百も承知している

A：ビジネスをはじめたら焦りは禁物だよ。
B：君のアドバイスは百も承知している。

A: ව්‍යාපාරයක් පටන්ගත්තාට ඉක්මන් වීම හොඳ නැහැ.
B: ඔයා කියන්න ඕන නැහැ, මම දන්නවා.

A：ワャーパーラヤク　パタンガッタータ　イクマン　ウィーマ　ホンダ　ナェハェ．
B：オヤー　キヤンナ　オーナ　ナェハェ, ママ　ダンナワ．

● 日本語の「百も承知」に合う表現はないため、ここでは「君のアドバイスは不要、もう分かっているから」で代用する。

いい勉強になったよ

◎ 初めての仕事だから分からないことだらけだったけど、いい勉強になったよ。

මුල්ම වැඩකිරීම නිසා කිසිම දෙයක් තේරෙන්නේ නැති වුනාට, හොඳ අත්දැකීමක් ලැබුනා.

ムルマ　ウェダキリーマ　ニサー　キシマ　デヤク　テーレンネー　ナェティ　ウナータ, ホンダ　アトゥダェキーマク　ラェブナー．

★ අත්දැකීම （アトゥダェキーマ）＝試験、試練

フレーズ

ここでは正式な表記の文字を記載しましたが、本文中に使用されているフォントや現地の人の手書き文字などは簡素化されて書かれている場合があります。

ア　a

アー　ɑ:

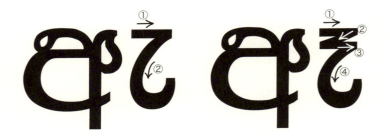

アェ　æ　　　　　アェー　æ:

イ i

イー i:

ウ u

ウー u:

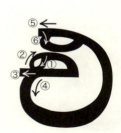
エ e

エー e:

シンハラ文字書き順

オ o

オー o:

カ ka

キ ki

ガ ga

ギー gi:

サ sa

ス su

ジャ dʒa

スサ ssa

ジェ dʒe

シャ ʃa

シンハラ文字書き順

タ ta

チャ tʃa

タ θa/tha

ダ da

ダ da

ナ na

ナ　na　　　　　　ハ　ha

パ　pa　　　　　　バ　ba

バ　bha　　　　　マ　ma

ヤ ja

ラ ra

ラ la

ラ la

ワ wa

ンダ ŋda

ダ ða

ンバ mba

シンハラ語置き換えスリランカ地図

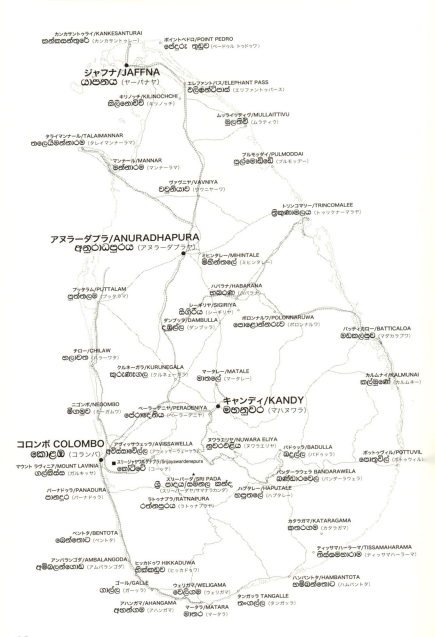

索引

あ

- あきれて言葉も出ない ─ 79
- あきれるよ ─ 80
- 朝飯前 ─ 38
- あぶない！ ─ 35
- 改めて連絡します ─ 54
- ありえない ─ 68・80
- いいえ、それほどでも ─ 36
- いい加減にしろ ─ 42
- いいね ─ 41
- いい勉強になったよ ─ 86
- 言い訳するな ─ 43
- イケてる ─ 41
- 意味不明 ─ 58
- 嫌気がさすよ ─ 80
- いやだなあ ─ 68
- 言わなくても分かるでしょ ─ 84
- ウザい ─ 69
- 嘘だろ!? ─ 46
- うるさい！ ─ 43・52
- うれしい！ ─ 27
- ええ ─ 16
- えーと、…… ─ 58
- 遠慮します ─ 50
- 応援しているよ！ ─ 60
- OK！ ─ 38
- おかげさまで ─ 24
- お気の毒に ─ 63
- お悔やみ申し上げます ─ 53
- お言葉ですが ─ 69
- おせっかい ─ 54
- 恐ろしい ─ 18
- お疲れ様 ─ 64
- 驚かせるなよ ─ 19
- お任せします ─ 20
- おめでとう ─ 41

か

- ガッカリ ─ 64
- かっこいい ─ 39
- 我慢してください ─ 21
- 悲しい ─ 65
- 悲しくて仕方ない ─ 65
- 変わりはない？ ─ 14
- 考えれば分かることだよ ─ 85
- 関係ない ─ 69
- 簡単に言うと ─ 78
- 頑張りましょう ─ 61
- がんばれ！ ─ 61
- 完璧 ─ 39
- 勘弁してくれ ─ 50

97

危険です	19
期待してます	28
汚らしい！	65
気にするな	61
恐縮です	37
興味がない	70
ギリギリ	19
苦しい	66
景気はどう？	14
結構です	51
こういう風にしてごらん	55
後悔するよ	35
こうしよう！	25
ご苦労様	64
困ったなぁ……	58
ご冥福をお祈りします	54
ごもっとも	56
ご用件をお聞かせください	21
ご了承ください	21
これくらいでいいですか？	22
怖がることはない（心配無用）	62

さ

さあ／では	34
最高	42
最低だよ！	74
残念だけど	34
時間がない	59
知ったことではない	70
してくれてもいいのに	29
しまった！	49
準備はいいですか？	46
しょうがないなあ	81
冗談だろ!?	47
真剣になりなよ	55
信じられない	70
心配することはない	62
心配だなあ	66
すぐにお願いします	22
すごい！	42
すばらしい！	27
そうじゃないだろ	45
そうですね	56
そうなんだよ	16
ゾッとする	20
そのうちに分かる	85
その通り！	57
それで？	32
それでは	79
それは違うよ	71
そんなことをやってる場合ではない	71

た

大したことないね	51

大丈夫？	47
大丈夫です	39
高い勉強代	62
ダサい／ヘボい	72
多分	52
楽しい	27
楽しみですね	29
黙れ！	44
ダメだ！	72
ちなみに	78
ちゃんとやってください	22
調子に乗るな	44
ちょっといいですか？	23
ちょっと待って	23
つらい	66
出来るだけのことはやった	30
同感！	57
どうしたらいいの？	59
どうぞご自由に	17
どうぞ、ごゆっくり	14
どうぞお先に	51
どうですか？	15
どうでもいいや	81
どうなっても知らないよ	35
時と場合による	52
ところで	34
とんでもない	37

な

納得できない	72
何言ってるの!?	74
何かお困りですか？	33
何かメリットあるの？	32
何回言えば分かるの？	82
なんてキレイなんだ！	27
何とかしないと	25
何とかならないの？	59
何とかなるさ	63

は

はい、どうぞ	57
バカにしてるのか？	75
バカにするな！	75
バカも休み休み言え	76
バカらしい	67
早く忘れよう	26
腹が立つ	76
久しぶり	15
ひどいなあ	82
百も承知している	86
ふざけるな！	44
無事に（到着する、荷物が届く）	26
無事を祈る	31
不愉快だ	77

99

ほらね？	48
本当に？	48

ま

まあまあだね	15
まあね	17
まいったな	28
前にも言いましたが	82
まずいことに	67
またですか？	83
まっすぐ	18
まどろっこしい	73
見苦しい	45
向かって右側/左側	18
無茶を言うな	53
目障りだ	77
目も当てられない	83
もういいでしょう？	23
もうそれ以上言うな	53
もう無理	73
もちろんだよ	40
問題ない？	49

や

やったね！	28
やってごらん	24
やってられない	83
ヤバい	20
やるねえ！	40
ヤレヤレ	84
油断するな！	36
夢を叶えよう	63

ら

楽勝	40

わ

わー！	28
ワクワクする	30
私に言われても困る	60
私の話を聞いてる？	33

Memo

あとがき

　本書はシンハラ語の学習需要が高まりつつある近年において、まだ満たされていない学習箇所を補完することを目的として編纂されました。シンハラ文字の書き順、頭の中で無意識のうちに浮かぶ日本語日常表現のシンハラ語への変換、これらの隙間を埋めることで学習者のスキルの穴埋めとなることを願います。

　本書を執筆・発行するにあたり、カタカナ表記でシンハラ語発音に近付ける努力をいたしました。しかしながら「まえがき」でも述べたとおり、現実問題としてシンハラ語の発音はカタカナで表現しきれませんので、学習者各自、シンハラ文字表を参照しながら、出来る限りシンハラ語発音に近づけることを強くお勧めします。

　ベテランの目からすれば所々で至らぬ点があることかと存じます。そして読者の方には「このような単語や表現が必要」「この場合はどのような表現をすべきか」などのご要望やご質問があることでしょう。ご指摘いただければ増刷の際にご意見を積極的に取り入れたいと考えております。巻末の連絡先にお寄せいただければ幸いです。

　また、小社ではシンハラ語学習教室を開催しております。詳しくは巻末のホームページをご覧ください。

　本書作成において監修していただいたサマラ・グナラタナ氏、日本語とシンハラ語のニュアンス変換でご協力いただいたタカハル・サマラグナラタナ氏、サシル・サマラグナラタナ氏には、この場を借りて御礼申し上げます。

2018 年 9 月

新井 惠壱

参考文献

★ Kumari Gunaratne "ENGLISH SINHALESE POCKET DICTIONARY" RATNA
★ J.Simon De Silva "ENGLISH SINHALESE DICTIONARY" ASIAN EDUCATIONAL SERVICES
★ "Seedevee Sinhalese-English Dictionary" Seedevee Offset Printers and Publishers

旅を深めるスリランカの本

Beyond the Holiday スリランカ
新井 惠壱 / アールイー

スリランカ旅行に便利なガイドブック。宿泊施設、レストラン、ショッピング、アーユルヴェーダなど、見どころをこの1冊に凝縮。移動手段、旅のフレーズ集、鉄道時刻表など、スリランカ観光に役立つ情報も掲載。『Beyond the Holiday 旅行・会話ナビ スリランカ シンハラ語』と一緒に併せ持てば、スリランカ旅行をより充実させてくれる。全頁フルカラー。

ISBN：978-4-905502-03-6
定価：¥1,680＋税

旅行・会話ナビ スリランカ シンハラ語
新井 惠壱 / スニル・シャンタ

スリランカの主要言語、シンハラ語の総合学習書。文法、会話集、単語集に分かれ、旅行先で即利用を求める方からスキルアップを目指す方までの幅広い層に対応する。単語集は動詞の過去形、名詞の複数形も記載。ビジネス用語も多く織り交ぜ、経済発展が著しいスリランカにおいての活用シーンは多い。本書と組み合わせることで表現の幅が一気に広がる。

ISBN：978-4-905502-02-9
本体価格：¥2,000＋税

スリランカでビジネスチャレンジ vol.2
新井 惠壱

内戦が終結し、俄かにスリランカが投資先として世界中から注目を集め始めている今、本書がスリランカビジネス熱を更に高め、アイディア面でサポート。著者の本気とも冗談とも取れる文体は、読む側にスリランカビジネスの敷居を低く感じさせてくれる。このチャンスを是非逃すことなかれ。

ISBN：978-4-905502-12-8
定価：¥1,400＋税

【著者】

新井 惠壱

1971年生まれ、東京都出身。
明海大学外国語学部英米語学科卒業。
スリランカ渡航経験豊富で現地事情に精通する。
映像企画制作会社、新聞社、テレマーケティング事業などの経歴を持つ。
主な著書に『スリランカ鉄道旅行』『スリランカでビジネスチャレンジ』
『Beyond the Holiday スリランカ』『スリランカで留学するぞ！』（アールイー刊）がある。
シンハラ語教室を運営し、講師を務める。

【シンハラ語監修】

サマラ・グナラタナ　(Samara Gunarathana)

スリランカ、ハンバントタ出身。
在日スリランカ人空手家としては初めて白帯から黒帯へとステップ昇進。
K-1リングでの対戦経験あり。
有限会社ディラニインターナショナル代表取締役。

【監修サポート】
タカハル・サマラグナラタナ、サシル・サマラグナラタナ

【校正】
曽根 朋佳

【その他サポート】
ナディーシャン・ヘーラトゥ

Beyond the Holiday　旅行・会話ナビ

スリランカ Sri Lanka
シンハラ語
お役立ちフレーズ集

初版発行　2018年9月21日
―― 発行 ――
有限会社 アールイー
〒170-0002　東京都豊島区巣鴨1-14-6
TEL/FAX 03-3942-0438
URL : www.reshuppan.co.jp
E-Mail : bh_srilanka@reshuppan.co.jp
※ 本書へのご意見ご希望は上記までお問い合わせください。

―― 印刷 ――
株式会社 モリモト印刷
©Eichi Arai, Printed in Japan
ISBN 978-4-905502-19-7

※ 本書の無断複製・転載・代行業者などに依頼しての電子化は法律により禁じられています。